從大日本帝國到中華民國
－台灣現代化歷程中的國家建構

陳俊昇　著

阿瑩

阿昇

2023. 11. 9

謹以此書獻給恩師

張炎憲　教授

一條人煙稀少的路

1980 年代，是台灣社會運動風起雲湧的一年。社會運動層出不窮，農民運動、工人運動、環保運動、原住民運動及學生運動等等，台灣的社會力解放了！政治上的戒嚴體制也鬆動了！就在那樣的年代，我走進了台灣史研究的領域，也給予我跟張炎憲老師相遇的契機，進而受到他的啟迪。

我大學選擇念社會系，源於我對中國現代化的一種憧憬與夢想，我腦袋裡面經常浮現的是五四運動的知識分子，胡適、李大釗及陳獨秀等，憂國憂民的情懷，籠罩在我年少青澀的歲月中。

大學時代，社會運動頻繁發生的衝擊，喚醒我對自己生長的這塊土地的關注，從鄉土文學論戰、美麗島事件、二二八事件，時間不斷往歷史回溯，關注的議題與焦點逐漸從文學、政治到社會運動等，台灣主體意識逐漸從隱晦不明中走出。我對台灣的歷史產生了一種渴求，一種新的渴求，渴望拋棄過去黨國意識形態支配下認識的歷史，渴望認識另一種更為真實的歷史面貌，否則，生命何去何從？令人裹足不前。

進入東吳社研所，正是經歷過大學時代社會運動洗禮的我，充滿困惑與矛盾，又渴望認識與學習的關鍵時刻，台灣，孕育我成長的這塊土地，為何我對他過去的面貌如此模糊，甚至扭曲。

涉獵台灣史，是從這樣的困惑中開始，然而雜亂無章的摸索，仍是困惑。東吳社研所，邀請張炎憲老師開設了「日據時期台灣社會變遷」及「台灣社會變遷」兩門課程，在社研所當中尤為推陳出新，而對於當時渴求重新認識台灣歷史的我，說是荒漠甘泉並不為過。

台灣史，當初仍是一條人煙稀少的路，對社會系而言，量化統計研究才是主流，更是東吳社研所的特色與優勢，選擇台灣史，是既不現實，也毫無市場取向。然而，對於當時迫切了解自己，重新認識自己歷史處境與脈絡的我而言，卻是無比珍貴，我就此一頭栽進台灣史研究的領域。

　　當時台灣史的研究，仍是荒蕪一片，張老師是少數的開拓者之一。日本東京大學出身的張老師，治學非常嚴謹，對於坊間一般的台灣史著作，極不容易採信，這在原本史料與史論就不足的研究環境下，也讓我們吃足了苦頭。沒有網際網路，也沒有數位化，甚至沒有電腦，所有著作與資料除了手抄之外，只能複印的年代，研究資源相對稀少，而研究的熱情卻未減，從今日來看，成果相對粗糙，但卻有篳路藍縷、以啟山林之慨。

　　在這種相對艱困的研究環境下，張老師對於治學嚴謹的要求，卻絲毫沒有鬆動，也使我對台灣史除了熱情地摸索之外，多了一種踏實的研究態度。我想此種治學嚴謹的態度應該是出於老師在東京大學所承襲的學風吧！

　　台灣主體意識的彰顯，當然也逐漸引領出台灣地位自決，台灣建立自己國家的理念，這些混雜的想法，到了自己選擇碩士論文題目與指導教授時，變得逐漸清晰。

　　台灣歷經明清統治，割讓給日本，淪為殖民地，日本殖民統治一方面具被政治壓迫及經濟剝削的性質，另一方面也讓台灣接受了現代化的洗禮。台灣社會的政治啟蒙更是在日本殖民時期展開了，台灣民眾黨、台灣文化協會，這些台灣社會的啟蒙運動，都是在張老師的帶領下，讓我有了更深一層的認識，最後要問的是台灣如何能夠主宰自己的命運？

　　不管是被清朝割讓給日本，或是淪為日本的殖民地，台灣都缺乏自己的主權，建構自己的國家這件事情在歷史發展過程

中是否具備一些脈絡與痕跡呢？這是我一直在內心納悶的一個問題，並且也得到張老師的認可，可以在日本殖民時期尋找答案。

　　成為一個國家有這麼重要嗎？或者應該說台灣人真的期望自己建立一個國家嗎？在日本殖民統治過程中，台灣是不是經歷了現代化的洗禮，以致於當二次戰後，台灣被美國交由中華民國統治時，兩者之間產生了極大的矛盾與衝突？因而，爆發了二二八事件，也孕育了台灣獨立運動。

　　懷抱著這樣的思路，在張老師的指導下，我開始對原本非常陌生的日據時期台灣歷史進行探索，逐漸發現 1920 年代的台灣社會運動是台灣社會政治啟蒙的重要開端，台灣接觸到世界最先進的政治啟蒙思想，並且透過台灣文化協會與台灣民眾黨等社會運動散播這樣的理念，這使得日本總督府雖然仍是一個專制的政治體制，但啟蒙思想卻逐漸在台灣的民間社會傳播與擴散，進而使得台灣逐漸產生了一個與中國大陸完全不同的現代化歷程，這兩個現代化不同歷程的結果，在美國將台灣交由中華民國政府統治時爆發出來了！

　　這樣的觀點雖然對歷史學者而言，有點出奇不意，但張老師仍願意傾聽，並且不時給予意見，其實以一個碩士生而言，想法還不成熟，空有構想，卻眼高手低，在實際研究過程中，受限於當時的研究環境，並無法蒐集足夠的材料，進行縝密的推論與論證，而且曠日廢時，但張老師仍百般容忍。

　　碩士念了四年，就在第四年即將結束時，張老師也頻頻催促我必須趕快提出論文審查了，我自知論文仍在琢磨階段，不成大器，但最終也只好提出送審了！研究台灣史，是我認識自身的一個過程，一個人不認識自己，不了解自己所生長的這片土地過往的歷史，如何自處？又如何面對他的未來？台灣史，

與其說是一個學科，一個研究領域，還不如說是跟自己生命切身相關的一個課題。

　　而張炎憲老師，正是我對這個課題充滿困惑時，遇到的一位良師益友，他不只是我的碩士論文指導教授，更是我的生命導師，他啟迪我，引領我走上台灣史研究的道路，也等於是引領我走上認識自己的道路，我的生命因而可以繼續往前邁進，開展出不同的面貌，尋找新的可能性。

　　張老師雖然辭世，我相信在他的春風化雨之下，許多學生應該都因而認識了自己的生命，自己生長的這片土地過往的歷史，進而可以往前繼續邁進，開展出自己生命可能的不同面貌，透過台灣史，一開始使我們進入一條人煙稀少的道路，最後，卻能走向一條康莊大道。

目　錄

導　論

　　國家在人類歷史當中到底是如何演變？對人民而言，國家的意義與價值為何？到底國家是階段壓迫的工具呢，還是個人實現自我的途徑？這些問題在近年來統獨之爭日趨公開化，國家面臨轉型之際，變得特別重要。有關國家哲學對這些問題的看法似乎不能提供完整的解答，因為國家是在歷史中被建構出來的。

　　因而對於國家的理解，必須從歷史當中去觀察，到底國家是如何被建構，被什麼力量所建構。西方近代國民國家建構的過程中，布爾喬亞階級推翻了封建政權，以這個階級為主體建立了近代國家。由於市民社會的興起，對於人民生命‧自由與財產的保障日趨制度化，因此國家必須保障人民的各種權力，憲法是人民權利的保障書，這是立憲主義下民主政治的精神。

　　封建貴族的勢力逐漸在消退，雖然向英國貴族仍控制著資本。封建的財產關係開始轉變成近代的私有財產制度。盡管在政治權力上，人民日趨平等，例如放寬以致解除選舉權的財產限制，保障女性參政權等，但是財產上的不均，使得政治權利的平等遭受到極大的考驗。十九世紀歐洲的社會主義者，對於資本主義社會中，國家合理的政治體制下所掩藏的社會不公提出了許多批判。

　　但是國民國家，在資本主義不斷擴張的歷史脈絡下，逐漸產生了帝國主義，殖民主義則是帝國侵略擴張的必然結果；位於東亞的台灣，在十七世紀初便遭遇西歐來的殖民者。資產階級的政治解放，到最後是為了要求國家解除對資本主義擴張的限制。擴張是一切政治的終極目標，這是帝國主義政策的核心觀念；擴張即是為了資本主義不斷擴大生產。(Arendt‧1983:1‐7)

　　國家的建構，在英、美、法等國，是由資產階級建立了資本民主。德國與日本，在壟斷資本主義下造成了法西斯政權，而法西斯政權更進一步強化了壟斷資本主義。中國則是由共產主義政權取代了資產階級政權。(Moore，1990：1－8)

　　台灣社會從十九世紀末至今，面臨了兩個政權國家建構的歷程。到底這兩次國家建構性質為何？是什麼力量主導著國家的建構？國家形成了怎樣的社會支配關係？還是社會支配關係操縱了國家的建構。

　　八十年代，台灣興起了許多有關本土社會變遷及台灣史的研究，尤其是針對國民黨政權的轉化以及民主化等問題，學者紛紛提出不同的解釋。這裡面以引用拉丁美洲威權體制(Authoritarianrigime)的觀點來分析者最多，威權體制的模型對於戰後台灣的政治變遷似乎有一定的解釋力。另外對於台灣的經濟發展，也有許多學者提出解釋，從現代化理論、發展理論到依賴理論，以及依賴發展的觀點，至今依賴發展模式在解釋社會經濟變遷的過程中，比較能兼顧經濟發展與國家‧階級的關係。(陳玉璽，1992：18－26)因此，從國家與社會的關係來理解台灣社會發展的著作也開始增加。

　　國家社會學或國家理論中，國家中心取向或社會中心取向兩種不同途徑，就成為學者們分析台灣社會時方法上的難題。唯國家論太過強調國家的重要性，將所有社會變遷都歸因於國家。而依賴理論則忽略了國家的自主性以及對國家土著社會的社會結構，一味強調跨國公司與國際壟斷資本對國家與土著社會的支配性。(王振寰，1988：117－133)對於以上觀點的不滿，有些學者便提出階級分析的模式來解釋。國家與社會的關係究竟應該如何來解釋？日本學者豬口孝整理了既有的理論，提出五個主要的面向，即：世界經濟、國際關係、階級關係、官僚

制度及民主主義。(豬口孝，1992：61 - 67) 就國家與社會的關係來看，這五個面向是相當完整，但是在進行經驗研究時，似乎很難將這些取向同時包含在同一個分析架構中。因此，對於分析的方法必然要有取捨。

　　八十年代，除了台灣社會研究的蓬勃發展之外，台灣史也逐漸成為熱門學科，但是台灣史的研究一直比較偏重在日據時代之前的題材，對於戰後史的研究，相對而言，一直顯得相當薄弱。社會學與史學對台灣社會變遷的探討似乎存在著上述的時間區隔，而這樣的區隔有一個顯而易見的原因，是因為政權的更替；但是社會結構雖然會因政權交替而改變，但卻存在基本的脈絡，本論文便是想嘗試去理解近代在台灣社會發生的國家建構過程中，政權與社會形構之間的關係。

文獻探討

　　台灣到目前為止，對於國家建構的研究大略可分為三種，第一是傳統的政治史，即以描述政權的更替，政治體制的形式與運作，以及政策的形成等為內容，這類研究通常偏重系統與功能分析，將政治體制的形成，制度與運作，視為是具有某種價值實現的形式，此類可稱之為國家論。第二種是將國家支配的形式視為是權力的控制，並不是要實現個人價值，國家的建構因此是權力控制與分配形式的確立，此類可稱為唯權力論。第三種是將國家建構視為是社會支配關係的呈現，或者是合理化的過程，社會力量才是決定性的基礎，此類可稱為唯社會論。

　　第一種類型如彭懷恩 < 中華民國政治體系的分析 >，以所謂的政治系統論來分析國家，政治學中的政治系統論其實在方法上是根源於社會學的結構功能論，而結構功能理論在方法上的問題，使得這個理論早已不適合用來進行經驗研究。第二種

類型，可以郭正亮的＜國民黨政權在台灣的轉化＞為例。郭正亮雖然對於資源分配與資本積累等社會形構有所交代，但最主要的分析焦點還是權力的操控，權力控制機制與過程，還有權力鞏固過程中意識形態與資源分配的作用，權力控制的機制，以及權力變遷的過程。

第三種類型，可以史明的＜台灣人四百年史＞與陳玉璽的＜台灣的依附型發展＞為例，前者是以階級分析與族群政治的角度來理解國家建構，後者是以世界體系與依賴發展來看國家的政治體制。一個是嘗試從國內資本體制來解釋，一個是由國際資本體制來看國家，不管是外因論還是內因論，都是從社會中心說的觀點(階級‧資本)來理解國家的建構。

Tilly 認為近代歐洲國家的建構，是在製造戰爭、汲取資源、資本積累三者交互作用的過程中進行，權力控制的形式與運作當然是國家建構的基本形式之一，但是製造戰爭，不管是實質上還是心理上，都有助於國家對暴力的壟斷，以便進行資源的汲取與資本積累。因此，權力操控與階級剝削都不能完全解釋國家建構的過程，而必須從歷史過程中去分析。(Tilly：1985：170－180)

具體而言，有關國家建構的分析模式，大致上，可分為四種模型：即帝國主義模型、威權體制模型、資源動員模型以及官僚體系模型，茲分別敘述並加以檢討。

1. 帝國主義類型

以矢內原雄中的＜日本帝國主義下的台灣＞為代表，包括涂照彥的＜日本帝國主義下的台灣＞、陳玉璽的＜台灣依附型發展＞都屬於這個模型。儘管涂照彥強調土著資本對於殖民資本的反抗，以及殖民壟斷資本是建立在對於土著資本的併吞與

壓制上，但是涂照彥所側重的還是殖民壟斷資本的作用。就像陳玉璽強調他的方法是屬於依賴發展，著重國際壟斷資本與國內資本的互動過程一樣，到最後都免不了有外部決定論的傾向。

　　帝國主義模型的共同特點是，他們的國家觀都建立在古典的馬克斯主義上，並且將國家放置到世界資本主義的發展脈絡中，或是資本主義體系的結構下，來解釋國家的建構及運作，Urry 批評這種國家觀是屬於功能論的國家觀。他們看到了國家如何在資本主義發展的脈絡中運作，卻將國家的一切作為視為是生產結構的反映，及資本主義的生產體系必然規定了國家的功能運作，及內部的階級關係，從而看不到國家本身的運作機制及階級關係的複雜性。

2. 威權體制模型

　　以若林正丈的〈轉型期的台灣 — 脫內戰化的政治〉為代表，郭正亮〈國民黨政權在台灣的轉化〉也屬於這個類型。這個類型是以拉丁美洲威權體制的概念為分析架構來研究台灣政治體制的形成，與其轉型；郭正亮的論文雖然提到了國家資本體制，農村階級關係的轉變，但是最終目的是為了解釋威權體制如何形成，如何轉化。

　　威權體制模型讓我們看到政治體制是如何建構出來，如何形成及轉化，並且從統治能力，資源分配和霸權形塑等面相來解析政權的性質。對於政權的形構能做多面向的觀察。但是，威權體制的模型，至少在臺灣目前的研究，忽略了資本主義發展與階級關係的重要性，為了避免落入經濟決定論與階級化約論，卻矯枉過正地將資本與階級兩個要素忽略，或者是在分析時擺在一個很模糊的位置上。拉丁美洲的威權體制，與其依賴性的經濟有其結構上的關聯，這點很容易被台灣的研究者所忽

略，在亞洲殖民社會，跨國公司的國際壟斷資本，儘管沒有在拉丁美洲那樣具有支配性，但是國家與資本主義體系的關係顯然是不能被忽略的。

3. 資源動員模型

資源動員模型在八十年代一度相當熱門，但都是用來解釋台灣的社會運動，對於國家的建構，只有林繼文＜日本據台末期戰爭動員體制之研究＞算是比較典型，運用資源動員模型所做的國家研究。

資源動員模型在 Tilly 原來的理論脈絡中，原本就與西方國家的建構過程息息相關。資源動員模型運用組織的觀點來看國家在歷史中的發展，並且拋棄統政治哲學對於國家價值的設定，從政治的現實主義來觀察國家，提出了國家是最龐大的犯罪組織的觀點，便是以資源動員模型作的分析。國家因為暴力的壟斷，可以藉由製造戰爭，對於人民產生恐嚇作用，以便藉由收稅，汲取社會的資源，所以，Tilly 說國家是最大的犯罪組織。製造戰爭、汲取資源及資本積累是西方近代國家建構過程中的三個要素，的確提供了我們在分析其他地區國家建構的分析架構。

林繼文的論文，便是以戰爭動員體制來分析處於日據末期的台灣，在日本殖民母國處於戰爭體制下時，其資源汲取的手段與過程。Tilly 雖然提出了資本積累也是國家建構的一環，但是，製造戰爭與資本汲取在其方法上顯然是比較重要的；林繼文的論文也是如此。近代國家的建構與資本主義的發展，有其密切的關係，這一點是 Moore 所提醒我們的。因此，資源汲取應該有要與資本積累的過程相扣合，而製造戰爭，與世界資本主義的危機也應併入分析。

4. 官僚體系模型

　　日本殖民時期的研究，以張漢裕與馬若孟的＜日本在台殖民開發政策 — 官僚經營的研究＞為代表，戰後的研究，以彭懷恩＜台灣政治變遷四十年＞為例，橫貫整個歷史的研究，高棟民 (ThomasB.Gold) 的 StateandSocietyintheTaiwanMiracle 也是屬於這種類型。官僚體系模型對於權力的基本理念通常是精英政治，因此，國家的建構與運作都是由精英所掌握，不僅傾向於將社會的變遷都歸因於國家，而且對於國家的分析也偏重在政治精英與官僚體系的運作。

　　張漢裕對馬若孟分析日本對台殖民政策時，將近代化的過程都歸因於兒玉源太郎與後藤新平等行政官僚的政策規劃，對於日本母國資本積累的危機，殖民地的剝削機制等完全忽略，使他們的研究產生了極大的盲點。(涂照彥，1992：9 - 10) 彭懷恩也強調台灣的經濟發展要歸功於官僚體系內的政治精英，依靠著這些技術官僚推動經濟建設計劃，才能造就台灣的經濟發展，這些經濟官僚早期如尹仲容，後來如孫運璿、李國鼎等。

　　高棟民在 StateandSocietyinTaiwanMiracle 這本書中雖然強調他是用 F · Cardoso 和 E · Faletto 的歷史結構方法研究台灣的依賴發展，但是在書中他一再強調美援對台灣經濟發展的重要性，而美援的合理運用則歸因於專業化的技術官僚與美國的經濟顧問。對於政權如何去汲取社會資源，如何剝削農民與工人，又如何建立了國家資本體制，這都不是這個模型所關心的重點，如此，免不了會擁有同樣的盲點，就是在精英政治的觀點下，過於強調官僚體系的作用，而忽略了生產體制是如何汲取資源，進行資本積累。而且，近代化的官僚體系模型是否適用於東方專制體制呢？這尚是一個有待檢討的問題。

問題意識
國民國家的形成與建構

　　本文所要探索的是在近代台灣歷史中，國家建構的性質究竟為何？換言之，論文所欲探討的主題是近代台灣國民國家建構的過程中，政權與社會形構 (Socialformation) 之間的關係為何？！

　　所謂的國民國家 (nationstate) 是指起源於近代西歐的政治權力型態，國民 (nation) 也是以起源近代西歐政治共同體作為範例，雖然經常有人批評nationstate的概念並不適用於亞洲。但是，亞洲各區域的住民都是在西歐勢力入侵之後，才被迫捲入由西歐國家及美國所主導的近代國際關係中，而近代國際關係的特質就是無法確立為主權國家的區域，就不得不屈就於從屬其他主權國家的地位，因此，追求獨立自主就必須讓自己在國際競爭場合裡找尋可以生存的情況，但是在近代的國際社會中如果要維持獨立自主，只有採取國民國家這種政治組織的形成。(若林正丈‧1989：4－5)

　　國民國家的形成過程，是在形成所謂國民的政治共同體，並結合一個與此相配合的國家統治機構的過程。這兩者結合的過程在理論上有兩種型態，一種是在國民國家形成之前，在完全不同於其性格的國家架構內，已經形成一個國民社群或是與此相近的社會體系，最後再透過革命或改革去選擇一個與此相符合的政治體制 (國家)，這種可以稱為＜由下而上＞的國民國家形成。另一種是因某種外在的契機 (例如戰後所謂殖民地的獨立和東西冷戰) 先成立國家，再經由國家對社會的滲透卻形成國民，這種稱為＜由上而下＞的國民國家形成。(若林正丈‧1989：5) 前者是由國民所主導的國家建構，後者是由政權所主

導的國家建構。當然，實際的歷史過程是兩者的結合：但是，不同力量的主導就會形成相異的國民政治共同體。如果是由國民所主導，比較能以平等的公民權確保集團的共同性，因此，所謂的國民化就是公民化，國民國家的形成與政治體制的民主化是相結合的；這種類型的國民國家運動可以稱為由下而上的 **nationalism**。相反地，如果是由政權所主導，而以對某個政權的效忠（常常是個人的崇拜）來確保集團共同性，這時國民化就成為臣民化，在面對政權文化集團之外的住民時就會採取同化的措施；這種類型的國民國家運動稱為由上而下的 **nationalism**。（若林正丈，1989：：5－6）就亞洲而言，由政權所主導的國民國家的建構還是主要的類型，即使是由國民（社會）所主導的力量建立新國家，建國之後也在就又的國家架構（通常是帝國）下來進行由上而下的國民形塑 (nationbuilding)，也就是國民化。國民形塑的過程中，舊有版圖或者領土擴張所蓋的範圍內，存在許多不同的種族集團、少數民族、部落及族群 (ethnicgroup)，不同的宗教信仰與風俗習慣等，都是國民形塑必然碰到的問題，這個問題最根本在於國民如何界定？如何形成？（若林正丈，1989：6－7）如果，不同社會群體的社會文化特質（語言、宗教、風俗習慣等等）與經濟生活（社會生產關係）在國民形塑的過程中，沒有平等的待遇，甚至形成支配關係，這些群體便會產生自己的國民運動，在原有的國家架構下的國民運動可能是民主運動或階級運動，企圖另外成立自己國家的便成為分離獨立運動，同樣地，分離的國民運動也存在著民主化與階級解放等不同目標。

國民形塑

　　國民形塑 (nation－building) 因此是國家建構的重要課

題，經歷過近代帝國主義統治的殖民地，其國民形塑除了殖民政權所進行的之外，被殖民者如何進行國民運動呢？其國民形塑的條件為何？ BenedictAnderson 提出了 ＜想像的共同體＞ (imaginedcommunities) 來解釋殖民地的國民形塑，而想像的共同體又是如何形成的呢？它必須有下列幾個條件：涵蓋整個殖民地的行政官僚組織；與官僚組織相對應的殖民地學校教育體系，以建立世俗性殖民地土著住民的 ＜巡禮圈＞，以及與此巡禮圈同範圍的 ＜出版資本主義＞ (printcapitalism)。(Anderson，1991) 當殖民地住民沿著殖民地學校教育體系，接著是沿著行政官僚組織走過人生的各階段 (巡禮圈) 時，他們會進入一個超越原本土著社會各集團的社群，但同時，他們的巡禮圈就建立在新土著住民共同關心並有共同利害的地區。而且在這些地區所建立的出版資本主義有助於使互不了解的各地居民超越原集團的格局，進而擁有共同的情感、共同的認識，另外也可幫助他們獲得共同的視野，把們的區域視為一生最有意義的區域，這樣想像的共同體便成立了。(若林正丈，1989：14－15)

　　近代國家的國民形塑，其特徵之一便是平等的公民權，公民權除了古典的自由主義所強調的自由權、生命權及財產權之外，最重要的是在市民社會 (civilsociety) 興起的過程中出現的公共領域，公共領域的出現確保了國民對國家建構與運作的參與權，用現代政治學的觀點來看，就是所謂參與式的民主；但是近代官僚體系的出現，依靠龐大的行政組織與專業化的知識，壟斷了公共事務的討論與決策，造成公共領域的喪失，合法性的危機於是出現，官僚式的民主取代了參與式的民主。(Habermas，1975)

　　但是，從殖民到後殖民時代的第三世界，甚至包括德國、日本等國家，在近代國家的建構過程中，並沒有出現西歐式的

市民社會，如同 Moore 所討論的，日德等國的資產階級力量相當薄弱，法西斯統治便成為主要的政治體制。(摩爾，1990) 而在經歷帝國主義統治的殖民地，公共領域一直是被政權所滲透與操控 (註一)，所謂市民社會，一方面資產階級與工人階級的力量尚為薄弱，一方面是被殖民政權的專制統治所控制，強勢國家與弱勢社會 (strongstateandweaksociety) 的關係在後殖民時代相當普遍，這也是威權體制之所以成立的歷史脈絡。

　　因此，在市民社會尚未成形之前，威權體制的官僚支配便早已存在，這不僅使得國家建構都是由政權在進行，也使得國民由下而上的國民形塑缺乏權力基礎；所謂的「想像的共同體」就算已經形成，在既有的國家權力架構下，諸如暴力的壟斷、官僚體系的統治、文化意識形態的宰制和國家壟斷資本等等因素之下，國家的建構是無法脫離政權的支配，也是在既有的社會基礎下進行。戰後台灣在國民黨政權統治下，以中國民族主義所進行的國民形塑，其權力基礎可以說是奠基於日本殖民時期的專制統治與戰爭動員時期所形成的控制網絡來進行。因此將台灣中國化的國民形塑過程必然是一個由政權主導的模式，關於國民黨政權所進行的國民形塑，在楊聰榮的 < 文化建構與國民認同 —— 戰後台灣的中國化 > 與蕭阿勤的 < 國民黨政權的文化與道德論述 (1934 - 1991)—— 知識社會學的分析 > 兩篇論文中有詳盡的解析，本文不打算就這個問題再做深入的探討，而企圖從國家建構與資本主義的面向切入，去探討國家建構過程中，政權與社會形構的關係為何？尤其側重政權所進行的社會形構，如資本積累的模式為何？資本與勞動的關係如何被建構？政權如何支配階級結盟，控制資本或資本結合，來形塑勞動關係，從而完成整個國家的支配形式。

　　統括而言，分析後殖民時代的國家建構必須之放置到歷史

的脈絡中，去了解國家建構從殖民時期到後殖民時期其演變的過程為何？而不是將歷史割裂，用傳統政治史的分期方式，只依照政權的更替來研究國家的建構；更不能將威權體制，依賴經濟等視為是一種原型，不去探討他們的歷史脈絡，解析其殖民經驗的內涵，而直接進行後殖民經驗的研究。(註二)從理論的分析與歷史的探索，都可以發現近代的國家建構，不管是在做為殖民母國的歐洲，或者是在身為殖民地的第三世界，都與資本主義的發展息息相關，這意謂著，即使從世界史的角度來觀察，國家建構都必然要放置到世界資本主義發展的脈絡中去解析，因此，我們有必要對於資本主義與國家建構的關係在理論上加以探討。

理論與方法
對馬克斯主義國家觀的反省

到底在資本主義發展過程中，國家建構是如何在進行？BarritonMoore 在分析近代國家建構時指出，由前工業社會到現代社會的過程中，政治體制的形式隨著資本主義的發展，並沒有出現同一性，民主政體與專制政體同樣出現在工業主義的社會中。

在近代國家建構的過程中，資產階級革命，地主階級與農民階級的勢力決定了後來政治體制的建構。Moore 主要區分出三種類型：(摩爾，1990：5－7)

(1)資產階級民主：以英國、美國、法國為代表。在這些國家建構的過程中，暴力革命發生於現代工業民主社會的發展的過程中，如英國內戰(清教徒革命)、法國大革命、美國內戰。這類革命的關鍵特徵，是興起了一個有著獨立經濟基礎的社會集團，它摧毀了既有的對於資本主義民主政治

發展的種種阻礙。

(2) 法西斯主義：資本主義的反動形式，以德國和日本為代表。
在這些國家裡，資產階級的力量相當薄弱，如果他們採取
徹底革命的方式，革命勢必失敗。相對軟弱的資產階級，
依賴於仍舊居統治地位的舊統治者，這些舊統治者主要來
自土地貴族，在準議會政府的支持下，促成了現代工業社
會所需要的政治經濟變化。在這種統治的庇護下，工業發
展頗為迅速，但結局是經歷了短暫和脆弱的民主後，便轉
變為法西斯主義。

(3) 共產主義：以俄國與中國為代表。兩國強大的農業官僚主
義限制著商業以及後來的工業發展。這種情形甚至超越了
前面兩種類型，因此，產生了雙重後果。第一，資產階級
過於軟弱，他們在現代進程中甚至不能像在日本和德國那
樣，充當一個二流夥伴。第二，由於在通向現代化的道路
上，連最軟弱的步子也還沒有賣出，從而積聚了大批農民。
面對現代世界的入侵，農民階級備遭壓迫，戴上新的枷鎖。
他們在共產主義者的領導下，為推翻舊秩序和推動國家進
入新時代提供了毀滅性的革命力量，與此同時，也成了第
一批的犧牲品。

　　Moore 的歷史研究證明了正統馬克斯主義的國家工具論與
社會演化論，在進行實質的經驗研究或歷史分析時，缺乏分析
能力，而暴露了概念上缺乏經驗意涵和歷史意識，淪為抽象的
理論建構。

　　Skocpol 也指出，在社會革命的轉變中，國家權力一直是基
本的問題，但國家權力不能僅僅只被理解為階級支配的工具，
國家結構的變遷也不能只用階級衝突來解釋。法國、俄國及中
國的階級衝突 ── 尤其是農民和地主間的衝突 ── 再由革命所

引起的無政府狀態期間，是相當重要的。由於革命的衝突，首先引起的社會情勢變化及新政權的本質，基本上須視國家組織的結構與國內階級、政治力量之間，部分自主而又是動態發展的關係，連同國家組織與其他國家關聯的位置也要一併考慮。(Skocpol，1985：284)

　　國家組織轉變的過程中，一旦舊政權的崩潰，一定會出現基本的政治與社會衝突，直到新的政治與軍事組織在舊政權的基礎上逐漸鞏固才得以解決。由下而上的革命，直接攻擊了擁有特權和財產的支配階級，階級關係才會改變，否則，政權的更替並不意味新的階級關係出現。在社會革命後，國家的建構更加強了其對於革命階級的政治動員能力，對於階級的動員則有助於政權的鞏固與國家的建構。(Skocpol，1985：285)

　　Skocpol 指出了，在社會革命與國家建構的過程中，階級關係並非是決定性的因素，還有其他因素是更為重要的如：國家組織的建構，包含他與國內階級和其他政治勢力的關係；國際的國家體系，包含強國所提供的經濟、軍事援助對於增強國家競爭能力的幫助，這些競爭的威脅來自國外與國內；新政權所繼承的社會政治基礎，尤其是在經歷過殖民主義統治的地區，世界政治經濟體系的變動，對於後殖民時代的國家建構有不同的限制。(Skocpol，1985：284 － 293) 這些限制通常來自殖民時代對於殖民地存在政治經濟支配的國家，譬如原來的殖民母國。

　　正統馬克斯主義對於資本主義下的國家建構，雖然也有諸多的看法，但都脫離不了國家工具論與階級化約論。也就是將國家視為是階級支配的工具，國家組織也必然是階級結構的反映。以列寧 (Lenin) 為例，他認為馬克斯概念中的國家，是階級統治的機關，是一個階級壓迫另一個階級的機關，是建立這樣一種秩序，既把這種壓迫法定和鞏固起來，同時又緩和階級衝

突。(列寧，1989：303) 列寧也討論到國家對暴力的壟斷、官僚體系的運作、威權主義和資產階級民主，但是，他將恩格斯對國家的概念特別強調出來，認為國家是在階級衝突中產生，那麼，它就是那個最強有力的，在經濟上佔統治地位階級的國家，這個階級借助於國家，也成為政治上的統治階級，並由此獲得鎮壓並剝削被壓迫階級的新工具。不僅古代的國家和封建的國家是對於奴隸和農奴的剝削機關，而且現代代議制的國家也是資本剝削雇傭勞動的工具。

　　誠然，馬克斯自己也曾提過，國家是資產階級的管理委員會，但是，馬克斯另一個有關國家的重要概念 —— 波拿巴式的國家 (theBonapartiststate) 卻明顯遭到列寧的忽略。因而，列寧在討論威權主義時，強調廢除威權的基礎是在於，將政治國家廢除之前必須先廢除其所立基的社會關係，即階層關係，如此，列寧相信當共產主義來臨時，就根本不會有權威統治，因為人們將習慣於遵守公共生活的起碼條件，而不需要有強力和服從。(列寧，1989：353 － 373) 列寧也認為考斯基 (Kautsky) 對於無產階級政權官僚化的疑慮是錯誤的，只要實行 < 真正的社會主義 >，官僚化的問題便不存在。(列寧，1959：405)

　　JohnUrry 對於這種工具主義的國家觀曾提出完整的批評，並且指出其方法上功能論 (funtionalism) 的傾向，國家不能被化約為經濟上支配階級的工具，而依照資本主義系統的需要自動去執行其功能；國家的形式與政策是在它與資本主義社會其他要素間結構性的交互關聯 (structuralinterrelationship) 中產生，如：個人、團體與階級，因而，國家也不是自主地發展，而是在上述許多社會要素對於生活的物質條件之鬥爭脈絡下產生，國家並非某一個階級的工具或代理人，而是在社會生活的鬥爭中運作，其政策與形式也隨著社會衝突的結果而改變。因此，國家

15

是隨著它與市民社會之間的關係而改變，它不見得會必然的遵循資本積累的原則而運作，而市民社會的衝突雖然會在國家內部再生產 (Reproduction)，但是就如同精英理論指出，資本主義國家中團體或階級的衝突也可能是為了權力。(Urry，1981：80－82)

Urry 並且指出在國民國家 (nation-states) 所限定的政治範疇下，存在一個包含不同國民國家的世界國家體系，國家無法處理在整個資產階級的所有事物，而只能限定在位於其領域 (territory) 內的資本部門，任何國民國家都存在於與其他國民國家關聯的脈絡中，而保護其國民資本的利益；國民國家在資本主義世界經濟中從事再生產，但卻是帶有競爭性地以不同形式在進行。因此，沒有所謂單一、純粹的資本主義國家 (CapitalState)，僅僅存在多樣性的、相互衝突的國民國家。因此，許多假設資本主義在最高階段會產生同一種國家形式的命題是錯誤地，如：資本主義國家是一種典型的大眾民主 (popular-democratic) 國家；所有的資本主義國家將終極地成為法西斯主義。經由市民社會 (Civilsociety) 的介入，我們可以看到相似的資本主義經濟並不必然會產生類似的國家。(Urry，1981：82－83)

就如同 Moore 所強調的國家建構受到不同階級之間的關係所決定，Moore 所分析的是從封建社會到資本主義社會，地主階級、農民階級和資產階級三者關係對國家建構的影響；而 Urry 所強調的是在現代資本主義社會下，國家與市民社會內不同勢力，包括階級的關係，如何決定了國家的形式與其政策。不管何者，國家的建構都牽涉到國家與資本、階級的關係。

國家與資本、勞動的關係

國家既然不是功能性的去執行資本主義的再生產與資本積

累 (CapitalAccumulation)，那麼，國家對於資本主義的生產模式而言一定有其本身的目的，那就是為了國家的建構與權力關係的再生產。換言之，在國家建構的過程中，政權或支配階級在既有的生產體系與生產關係下，會構築有助於資本積累的生產模式與生產關係，運用國家建構過程中所形成的權力關係與支配形式，去建構或鞏固資本與勞動之間的支配關係。資本主義是以資本宰制勞動這樣的生產模式在運作，而資本主義下的國家建構，便意味著政權與社會支配階級所建立的政治支配形式，是與社會生產關係的形塑，同步在進行，並且，資本支配勞動的形式常常是最主要的形式，如此，才能進行資本積累，而擴大國家汲取資源的能力與範圍，鞏固國家的控制能力與權利基礎。

　　Tilly 在討論近代國家建構過程中，便提到資本積累是一個要素，製造戰爭可以幫助資源的汲取，而資源的汲取則有助於資本積累；資本積累與再生產是資本主義運作的重要法則，資本積累是擴大再生產 (ExpandedReproduction) 的基礎，而擴大再生產也意味著國家可汲取資源的增加。對於資產階級而言，他們認為藉由國家的擴張領土及安全保障有助於維護其利益，製造戰爭可以幫助他們擊敗競爭者，因此，他們就必須將資本投入戰爭，制度化之後，國家汲取資源的方式之一是稅收，如此，國家才能確保其擁有龐大且獨佔性的武力。(Tilly：1985：172) 國家為了資本積累，必須透過政策、法令，導引各種生產要素 (勞動力、資金、原料、能源、技術、土地等) 有效的集結，直接介入或創造有利條件，達成資本積累的效果。這其中包括，國家的策略能力 (strategiccapacity)，選擇資源集結的關鍵產業部門，各種生產要素的供需調節 (引入外部資源，如資金、勞動力或技術，以及建立內部上下游連結)，流通的下屬結構，如交通、運

輸、港埠的建設等。

這意謂國家對於資本積累過程的支配或介入是以國家控制勞動 (labor) 為主軸之一，此處的勞動有兩個意義，即生產力與生產關係。為了使生產力能投入資本積累的過程中，國家必須形塑或強化某種社會生產關係。國家在控制勞動的過程中，其與資本的關係有兩種可能，第一是形成國家資本體制，第二是與資本形成結構上的聯屬 (StructuralArticulation)。換言之，國家是透過對於市民社會中生產關係的控制，透過勞動過程中生產關係的形構，才取得對於生產力的支配性，如同 Urry 所強調的，國家對於生產領域的介入是以市民社會為中介 (1981：115 － 116)，這裡的生產領域包括流通領域 (Sphereofcirculation) 與再生產領域 (Sphereofreproduction)，而市民社會作為鬥爭的領域 (Sphereofstruggle) 所產生的階級鬥爭，也會限定了國家的政策與形式。(參考表一)

AntonioGramsci 對於市民社會的討論更有助於澄清市民社會與國家的關係，與 Urry 不同的是，Gramsci 強調霸權 (Hegemony) 在國家與社會生產關係之間的重要性，即一個社會集團在取得政府權力之前，事實上它已經先掌握了知識與道德的領導權 (intellectualandmoralleadership)，意即霸權；他因此認為國家的概念應該統攝政治社會與市民社會，而政治社會就是一般意義下的國家。Gramsci 的霸權概念，讓我們了解權力的雙重性，即權力隱含了暴力 (force) 與同意 (consent) 兩個面向，因而，國家一方面是透過暴力的擁有去控制市民社會，一方面以霸權的形塑來取得意識形態上的領導權，積極地在市民社會中取得正當性，使其同意支配集團的統治。而國家在市民社會中意識形態的灌輸當然是透過許多機構在進行，如學校、媒體。

資本主義生產領域 (Sphere of capitalistproduction)

貨幣 (Money)　　　流通領域 (Sphere of Circulation)

市民社會 (Civil Society)　　鬥爭領域 (Sphere of Struggle)

法律 (Law)　　　再生產領域 (Sphere of Reproduction)

國家 (State)　　　限定功能 (Speci fyfunction)

表一、資本主義社會形構的基本結構 (ThebasicstructuralofCapitalistS ocialFormations)(Urry，1981：116)

　　由此我們可以理解，在國家建構過程中，為了資本的積累，國家必須控制勞動，也就是必須控制生產力與生產關係，而生產力的控制又是以生產關係的形塑為前提，國家為了維持社會生產關係的權力形式，除了暴力的擁有之外，還要透過霸權積極介入民間社會，取得統治的正當性；也就是說，國家是以暴力與霸權的交互運用來建立其正當性。而國家對於暴力的壟斷與霸權的建構又是以其所能控制的資本與資源為基礎，龐大武力的擁有需要充足的資金與自主強大的國防工業，包括：鋼鐵、化學等等；霸權的建構與維持也需要眾多而廣泛的新聞傳播及文化事業，以這些文化資本才能確保政權在國民形塑過程中，對於意識形態支配權的控制與擁有，免於受到其他民族主義的挑戰。這當然牽涉到正當性的問題，而正當性也是國家建構中不可或缺的一環。

正當性

正當性 (legitimation) 是政權鞏固 (註三) 及國家建構的基礎。

19

所謂的正當性，主要有三種看法，一種是韋伯式，正當性是人民對政權的支持和認同，每一種真正的支配形式，都隱含了最低程度的志願性認同。而每一個支配系統都會嘗試去教化人民對正當性的信仰以合理化其統治。正當性因此包含一政治系統製造和維持信仰的能力，這種信仰相信現存政治制度是最符合現存社會。二是新馬克斯主義，認為正當性是維持資本主義再生產的政治條件，只要社會大眾，尤其是工人階級支持資本主義國家，則階級衝突就會限定在經濟層次，而不至於產生政治體制的危機，資本主義的生產方式便能維繫。二是將正當性視為擁有權力者 (PowerHolders) 之間的相互認可。因此，一個政權的正當性是在於其他權力對他的認可。(王振寰，1959：75 - 80)

　　Gramsci 的概念主要偏重在前兩者，對於擁有權力者在國家建構過程中的作用，CharlesTilly 則從歷史研究的角度提出更廣泛的討論。

　　以歐洲近代國家建構的過程來看，Tilly 指出統治者常需要依靠地方上原來有權者的支持，以維持其統治的穩定，而統治者對這些地方上的有權者，則報以軍事的保護或給予收稅的代理權力。另外，Tilly 又指出，別國在軍事物資與人員方面持續的支援，已與此新政權交換商品或軍事上的聯盟關係。而新政權因此裝備有強大的、國內無可匹敵的組織力量，它可以很容易的鎮壓住國內的其他組織。同時，由於外國政權對此行政領域的認可，使這些軍事組織的管理者，在其領土之內擁有非比尋常的權力。(Tilly，1985：186) 對於暴力的合法擁有與壟斷在國家建構中的作用，這一點也是 Gramsci 的概念所涵攝的。

　　因此，我們可以界定正當性的兩個面向，第一、每一個政權都會嘗試去教化人民，試圖得到他們的支持。第二、一個

政權存在的權力基礎，不一定是人民對它的忠誠，而可能是有權者或外國的支持。(王振寰，1989：78-79) 第一個面相就是 Gramsci 所強調的霸權，以及 LouisAlthusser 後來所提出的意識形態國家機器 (IdeologicalStateApparatuses) 所發揮的作用；第二個面向，則強調政權與地方，國家與國家之間的權力關係與利益交換，以權力聯結的形式來理解國家的建構與正當性的建立。

國家建構，意味著必然要有正當性的建立。因而，正當性的兩個面向，提供了我們觀察國家建構的兩個參考點。一個是意識形態的形塑，一個是支配階級的聯盟。藉由意識形態，可以進行國民形塑，行程由上而下的國民運動；藉由支配階級的聯盟，可以達到政權鞏固，確立國家的支配形式。下面，我們就必須討論在第三世界國家中，政權特殊的統治模式，以辯解在這樣的統治模式下，國家建構是如何在進行。

威權主義體制

那麼，第三世界的國家，尤其是具有被殖民經驗的國家，其政權的性質與國家建構是否有特殊的形式？(註四) 因而，我們必須引用相對應且能適用的概念，對於權威主義體制的討論，將有助於釐清後殖民時期政權的性質，以及國家的建構。

所謂威權主義體制 (authoritarianregime，簡稱威權體制) 是林茲 (Linz) 提出來的，因為傳統的極權主義體制 (Totalitarianregime) 與民主主義體制 (democraticregime) 的劃分方式，無法解釋佛朗明哥統治下西班牙的政體，自 1970 年代初，這個概念被廣泛運用於解釋拉丁美洲的政治體制。

極權主義體制是指，只有唯一的前衛政黨其指導部門能參與政策的決定，以獨占意識形態的解釋權為基礎，由前衛政黨的體系來推動一般大眾積極的政治動員；而民主主義體制則指，

在自由競爭下，由個人或任意結盟的團體政黨所組成的政府，依法律程序來參予政策的決定，並在個人及各團體之思想自由的原則下，鼓勵一般大眾自動自發的參予政治。相對於前兩者而言，權威主義體制乃是指，與政策形成有關的主體，只限於經國家認可的少數人或集團。這個政治體制缺乏以一般人為對象積極而恆常的政治動員，或者促使體制正統化之意識型態系統，對於那些被允許參加政治的個人或集團而言，國家的決策方式雖然不一定完全明朗，卻可充分地預測其政策形成的過程；而對於一般大眾，則以＜國民統合＞或＜社會整體＞的必要性，來強制使之接受國家的政策。(若林正丈，1988：4-5)

威權體制在不同的歷史脈絡下，也有不同的類型出現。拉丁美洲的威權體制是屬於官僚權威體制；國民黨政權的威權體制則具有侍從政治的性質，可稱之為威權侍從體制。所謂侍從政治，具有以下特徵：

(1) 參予政治的兩者，不管在財富、權勢、或地位上，都居於明顯的不平等關係，如地主對佃農、豪門對平民、政治世家對普通選民；可是卻由於互惠的需要，使兩者在政治運作中結為一個非正式團體。通常，這種互惠需要是以主人提供財貨或服務，而侍從在必要時機回報忠誠義務為交換形式。

(2) 主人與侍從之間，屬於非正式的私人關係，交換行為本身具有道德的特殊主義色彩；因此，侍從政治往往含有極濃厚的感情成分，有時甚至發展成幫會型的組織。其互動的原則，往往是在家族系統的基礎之上運作；賞與罰，賜福與詛咒，全都可以在家族內轉移。(楊聯陞，1985：362-365) 交互報償的原則又轉而加強了家族系統，於是個人的利益交換，常演變為家庭與家庭，乃至家族與家族的主從

關係，由此擴大了非正式權力網絡的範圍。

（3）主人與侍從之間的利益交換，並沒有明確的規則，兩者之所以形成非正式團體，並沒有特定而明白界定的組織目標，而是依個別情況或個人特性而改變。這種交換並不具備契約的約束力，而是基於個人的道德原則，而非法律的強制基礎。

這個交互報償的原則，是建立在三個中國社會的基礎上，即家族主義、現世的理性主義 (Worldlyrationalism) 與道德的特殊主義 (Ethicalparticularism)。相對而言，西方社會秩序的基礎之一是其道德的普遍主義。

最高的道德責任，絕大部分是非個人的應用於所有人身上，或者大部分其範圍均無關乎任何特定的個人關係。清教徒的道德，代表的是將基督徒普遍傾向強化的結果。它對於社會上的偏袒徇私具有極強的敵意；在這方面，儒家道德與之正相反，儒家道德認可的是一個人對另一特殊個人的個別關係。並且特別強調僅只這種關係。在儒家道德系統認可與接受之下的整個中國社會結構，主要的是一種＜特殊主義＞的關係結構。(T.Parsons，引自楊聯聲：1985：364) 這種特殊主義與普遍主義理念型的區別，也使得我們更容易理解中國家產制官僚體系產生的社會基礎。官僚體系的討論是必要的，由此，我們方能理解國家建構過程中，政權是如何在運作。

官僚體系的建構與轉化

國家建構過程中，必然有官僚體系的形成與運作，政權的鞏固，也包含著這個過程。韋伯 (Weber) 認為資本主義發展的過程中，官僚體系將由傳統家產官僚制轉化為現代官僚制。兩者的區別在於，後者具有西方理性主義的形式理性。因而，官僚

化的過程即是理性化，官僚化對韋伯而言，一方面是經濟上機會性的利潤擴大成為一個經濟系統的理性化過程。立基於資本主義式的營利經濟，運用固定資本、自由勞動力、合理之工作專業化與合理之工作組合。一方面，官僚化亦代表科層官僚制支配的民主，將古典自由主義的自由市場摧毀，理性的經濟倫理以及由此所生的經濟生活已喪失宗教的意義根源，代之而起的是資本主義經濟的形式理性以及鐵面無情式的紀律機能。同時，資本主義經過了徹底的國家化，普遍的卡特爾、標準化及經濟上的科層化，開始自行摧毀如市場自由；企業經營自由及就業市場自由等前提。(施路赫特，1986：68-74)

　　韋伯的分析使我們了解在資本主義發展過程中，現代官僚體系的建構如何導致自由市場的消失，使得國家的力量介入了生產領域，藉由理性化制度的運作，將社會生活世界逐漸系統化，納入資本主義形式理性規則的支配下，官僚體系所蘊含的形式理性的運作，也促使了經濟社會的國家化。現代官僚支配主要有三個特徵，一種是不受傳統拘束、形式理性的組織架構；一種透過對與政治有關知識的獨佔化而得以遂行的行政壟斷，架空了統治者的權力；另外也形塑了一個適應現世的意識形態，其根源則是因為絕對化了理性式支配現世的某一個層面而有以致之。現代官僚支配與傳統官僚支配或合法性支配不同，傳統官僚支配缺乏形式理性化，合法性支配則不可能出現權力的架空。(施路赫特，1986：131)

　　近代台灣在資本主義的發展下，國家建構所形成的官僚體系，是否也具備了這個特徵。就戰前與戰後而言，經歷了台灣總督府與國民政府兩個政權的統治，這兩個政權所建構的官僚體系其性質為何？是否有理性化的過程？對於國家的建構與支配有何作用？日本在幕府統治時代，官僚體系幾乎不存在，明

治維新後，建立了現代國家，使得理性的官僚體制奠立基礎。雄藩的勢力被削弱，軍隊、警察、學校、稅務署、郵局等制度，使得經營全民事業的官僚體制逐漸擴張。舊武士階級成為官僚體系的主要成員，而基層官僚組織與村落共同體具備密切的連結，使得國家支配社會的形式存在有利的基礎，再加上歷次的戰爭，如甲午戰爭、日俄戰爭、滿洲事變、中日戰爭以及太平洋戰爭，使得國家主導的傳統更加鞏固 (豬口孝，198-191)。

　　隨著君主立憲的確立，官僚體系的自主性增加，在大正民主期時，官僚體系是受到政黨政治的控制，致力於資本主義的發展。等到軍人專政出現，法西斯統治使得官僚體系從屬於軍國主義，為了日本帝國的軍事擴張而運作。這便是日本當時官僚體系的概要，其表現在殖民政權官僚體系的建構上為何，有待進一步做歷史分析。

　　韋伯在分析家產制官僚體系時，曾舉出中國的官僚體系為例。這種「東方家產制」在韋伯的分析裡主要有兩個面相。第一，他認為東方經濟性家產制國家大都誕生於河岸文化圈，由於水利灌溉的問題，這些地方極需一個涵蓋所有領土的中央權力。此一中央政府一開始便保障了帝王及其家產制官僚集團的獨佔地位。第二，在東方的家產制國家常會發展出一種家產官僚制度，其成員所受之教育及生活方式使得這個制度傾向於傳統主義式的封閉性，並且能夠組成統一的，具支配地位的身分集團。以自然經濟為主的生產方式助長了這方面的趨勢，還時常迫使貪婪於租稅的中央政府不得不將最重要的政府官職作為棒祿或甚至作為采邑來分封。(施路赫特，1986：82-83)

　　這種家產制國家的官僚階層之正統倫理乃是一種現世內的俗人道德所具有的實踐理性主義 (praktischerRationalisms)，並不是系統化之哲學、神學或法學邏輯之產物，而是一種昇華之經

驗加上對現世適應、順從其秩序與習俗之傾向。此一實踐理性主義的基礎乃認為宇宙秩序和社會秩序相等同的想法，皇權之卡里斯瑪性格，與子對父、少對長、下對上毫無限制的孝道義務。(施路赫特，1986：86) 韋伯所謂的實踐理性主義是指儒家的政治倫理，這個實踐理性主義在漢朝獨尊儒學、科舉制度建立之後，成為文官考試的思想典範，也變成官僚體系的政治倫理，以及整個士大夫階層所繼承及衍生的傳統。

這個家產制的官僚體系在近代中國資本主義發展下，其實踐理性主義對於封建秩序的維持，轉而對於既有社會秩序的維持，也就是對國民黨政權與孔宋家族壟斷資本結合的支持。事實上，也就是對於以封建地主階級與新興資產階級為基礎的國民黨政權所型塑的社會秩序的支持。國民黨政權官僚體系的性質，因此，是從屬於地主階級與資產階級利益，在軍事強人領導下的威權侍從體制，儒家的政治倫理恰好為封建王朝的官僚制過渡到軍事威權的官僚制提供價值基礎。國民政府流亡至臺灣後，威權侍從體制經過黨改造及政治改造後，顯得更加穩固。只有當私人壟斷資本的力量漸漸超越國家壟斷資本時，家產制的官僚體系才能逐漸轉化成現代官僚制。(註五)

傳統家產官僚制與現代官僚制的區別，即在於後者具備的形式理性。相較於後者而言，家產官僚制便顯得非理性。這兩種制度皆要求官吏之服從，前者強調個人的忠孝義務，後者強調事務上的官職義務。兩者皆明白績效的取向，但前者依循人格的、個別主義的標準，後者依循非人格的、普遍主義的標準。兩者皆有著領導的組織但前者表現在私人化的職位，後者表現在科層化的公共職位。兩者皆以客觀化的資格憑證當作選拔標準來任命職務，但前者受到身分集團之獨佔以及出生門第之限制而束緊其門戶；後者則透過社會結構一般的平等化以及成就取向而近一步地

擔保了門戶的開放。(施路赫特，1986：94-95)

結構聯屬與論述形構

　　歷史雖然並非全然斷製 (rupture)，但是在殖民地社會形構 (socialformation) 與國家建構中，不同結構間的關係並非是支配性，或者是代替性；我們用結構的聯屬 (StructuralArticulation) 來分析結構之間的關係。LouisAlthussler 認為社會形構是由政治、經濟、意識形態等不同的社會因素相互限制，是一個沒有核心、複雜的關係結構，這個相對自主的結構存在一種多重決定 (overdetermination) 的關係。Althussler 雖然認為政治與意識形態之於經濟結構具有相對自主性 (relativeautonomy)，但是卻又不肯放棄經濟是最後的決定因素 (determinationinthelastinstance)，終究無法脫離方法論上的本質主義 (essentialism)。如果社會有一決定其動態法則的最終要素，則屬於多重決定的諸要素與此最終要素之間的關係，必將成為後者簡單的，單一方向的決定。(Lalau&Mouffe，1985：97-105)

　　所謂結構聯屬 (StructuralArticulation) 是指社會形構中不同的決定因素是如何聚合在某一個歷史結合點 (Conjuncture)，並且分析他們如何相互聯屬成為因果偶然結構的條件。這意謂著同一個分析層次，是藉由經驗資料的分析，從抽象到具體，逐漸具體化與複雜化的過程，並且由其他層次引入決定因素來連結。(Jessop，1982) 任何社會決定因素之間的聯屬都是關係性，某一個制度可能表現為不同因素的聯屬，但是，結構的聯屬並不意味他所指涉的是社會結構的實體 (entity)，正如 Lalau 與 Mouffe 所強調的，任何結構的整體 (Totality) 都是一種聯屬實踐 (ArticulatoryPractice) 的結果，也就是論述的形構 (discourseformation)。(Lalau&Mouffe，1985：105)

　　論述的形構，在它所形成論述的聯屬整體中，每個要素都佔有不同的位置，當每個要素都被化約到整體中時，所有的同一性 (identity) 都是相對的，也只有在此時，所有的關係具有必然性。Lalau 與 Mouffe 對於論述形構的看法是承襲自 MichelFoucault 在知識考古學中對論述形構的討論而來。(Foucault,1972：31-39) 因此，他們強調沒有論述實踐與非論述實踐的區別：第一、每一個客體 (Object) 都是在有關這個客體的論述中被建構出來的，所以沒有那一個客體能自外於論述的條件。第二、對於社會實踐的語言和行為面向的區分是錯誤的，而且應該去找尋社會實踐的位置，這個位置是透過論述整體的形式 (formofdicrusivetotalities) 中所建構的意義，在社會生產中分化出來的。這不意謂著對於實存世界 (realworld) 的否定，也不牽涉到哲學中唯心論與唯物論的對立；同時，這裡所討論的論述不只是側重其精神的面向，也肯定每一個論述結構有其物質的面向。°(Lalau&Mouffe,，1985：106-108)

　　因此，Lalau&Mouffe 強調社會形構中所有的社會構成要素，在論述所形成的整體中，郤是以聯屬的形式呈顯出來，其同一性 (identity) 都不是絕對固定的，都是關係性的，部份固定的。由於意義終極的固定性是不可能存在，因此，意義是在不斷的建構中，所以，聯屬的實踐包含了對於關鍵連結點的建構 (theconstructionofnodalpoints)，這個關鍵連結點具有郤分固定的意義；由於論述領域的無限性，使得論述不斷的產生，社會也在不斷的被建構中。(Laclau&Mouffe，1985：110-114)

　　在殖民與後殖民時期的論述中，我們可以舉出一個以结構聯屬方法來進行研究的例子來加以说明：生產模式的聯屬 (Articulationofmodesofproduction)。柯志明在討論日據時期殖民經濟時一再指出，台灣農業的商品化過程，不是資本主義式的僱工大

農場，而是家庭農場與農企業之間生產模式的聯屬，土著社會的生產橫式 (家庭農場) 並沒有完全被解體，而是透過其他控制方式將之改造並且保存。如：原料限制採集區域、農業貸款、米糖比價、控制灌溉系統與限制轉作等；垂直集中而不是水平集中，才是日本殖民經濟的控制方式。(柯志明，1989a：59-64，1989b：103-105，1990：2-6)

CharlesBettelheim 在分析不同社會形構內資本主義生產模式 (Capitalistmodeofproduction，簡稱 CMP) 對其他非資本主義生產模式 (non-CMP) 的支配關係時，提出了兩種類型。第一種是在以資本主義生產模式為主的社會形構內，支配通常會導致資本主義生產模式的擴大再生產，造成其他非資本主義生產模式的解體 (dissolution) 及其內部成員被納入資本主義式的生產關係中。第二種是在 CMP 沒有直接主宰的社會形構內，這些社會形構是透過國際市場而連接於 CMP 才被稱為資本主義的社會形構。它們內部仍 non-CMP 為主。在這種社會形構內，主要的趨勢不是 non-CMP 的解體，而是它們的保存兼解體 (conservation/dissolution)。第二種類型提供了分析不同生產模式間聯屬的可能性。(Bettelheim，引自柯志明，1989：104-105)

總括而言，藉由西方理論概念與歷史研究的探討，可以找尋適用的方法與分析工具，來研究國家建構的問題。採用歷史途徑來研究國家建構，即意謂著國家不是一個靜態的結構，國家是在歷史中不斷地被建構。選擇從政權與社會形構兩個面向，同時去觀察國家的建構，那是試圖對於國家中心說與社會中心說地對立加以揚棄。就亞洲殖民社會而言，政權在近代國家建構中的支配性，無可避免會使研究者偏重政權的作用，及政權如何透過對社會的形構來建立國家的支配形式。而對於資本主義與國家之間關係的疑惑，將使本研究較為偏重資本體制與階

級關係的形構如何在國家建構的過程中進行。至於歷史發展的過程為何，則有待我們透過不斷的解構及分析，在相互辯證中去理解。

註一：除了少數的例外，如英國統治下的印度。在殖民統治時期便具有正常運作的國會，獨立的司法制度，政黨政治，文官控制的軍隊，對國家元首正式權力的限制，以及許多有關自由的法律保障等等，這些在殖民地獨立之前便已經存在。

註二：本研究並不主張政治體制或生產模式都有其歷史根源(historicalroots)，具體而言，本研究並不認為台灣的資本主義化與威權政體是完全奠基於日本殖民時期(請參考序章)，社會起源說的論述勢必會掉入實證主義式的因果關係中而無法自拔。我所強調的是歷史脈絡的重要性，歷史的建構並不預設斷裂(rupture)的本質，而必須落實到確切而具體的層次、內容、論述範疇(discrusiveboundary)，去分析分子間的內在關係(immanentrelations)，內部操作邏輯及運作軌跡，才能決定斷裂是否存在於歷史的辯證性中。請參考陳光興對於傅大為〈科學實證論述歷史的辯證〉一文的討論。(傅大為，1988：11-56)

註三：所謂鞏固政權，指的是一個權力集團在建立政權的過程中，取得有效決策的能力，並且建立正當性的過程。相對於社會形構而言，政權鞏固的過程中有三個層面：

（1）統治能力：掌握各組控制單位的運作，協調不同部門建立公民與統治者之間的政治形式。

（2）資源規劃：確保勞動力、生產資料、生產關係的再生產，維持商品流通，為了鞏固統治進行資源再分配。

（3）意識形態：透過意識形態教化人民，使人民對政權產生忠誠，建立正當性。

註四：在進行實質歷史分析時，有必要去區分國家與政權、政權的鞏

固是政權對於社會形構建立聯結形式的過程；而國家建構則是在政權鞏固的過程中，由政權與社會支配階級互動的結果決定國家的支配形式。因而，政權與國家的區別在於，政權是指聯結主要政治機構的形式規則，以及公民與統治者之間的政治形式。國家則是指社會階級或支配階級各派系間形成聯盟，確保對立隸屬階級進行支配的各種規範。(cardoso，1979：38) 採取這個定義也意謂著國家建構基本上是由社會中的支配階級 (dominantclass) 在掌握，其目的也在維持或建立某種支配形式，國家因此在這個面向上必然是宰制的工具，只是它不一定如馬克思主義所言，必然是資產階級的宰制工具。

註五：科層官僚制是特屬於現代的支配形式，唯有當下列條件同時存在時，一個現代化的科層官僚組織才得以真正成立。如：現代理性資本主義和其貨幣經濟、、及行政與軍事權力於一身之現代國家、摧毀世襲特權和教育民主化等措施，國家之政治任務在質量上的擴張等等。(施路赫特，1986：79) 因而，在近代台灣國家建構過程中，我們可以假定科層官僚制的發展，是伴隨著資本主義與現代國家的演變在進行。

第一章　歷史的脈絡

1. 國家歸屬的演變

　　清朝在康熙二十二年 (1683) 施琅攻入台灣之後，終於清除了明朝僅餘的政治勢力。而對於新佔領的台灣，則考慮將之放棄。＜鄭氏方初平，廷議以其孤懸海外賊易藪，欲棄之。＞（史明，1980：118) 最後終因施琅的反對，而將台灣納入版圖，這也是台灣（註一）在歷史上第一次被中國大陸的國家收歸為領土。然而，清政府的台灣政策，充分暴露其缺乏十七世紀西歐之海權思想。不了解台灣在國防、經濟上的重要性。在此之前，荷蘭人已於 1624 年占領了台灣（今安平），1628 年，西班牙也佔領了淡水。一直要到光緒十年 (1884) 清法戰爭，法軍登陸基隆並封鎖澎湖之後，清廷才感受到台灣的重要性。（註二）於隔年將原來的台灣道升格為台灣省。然而，不過十年，清日甲午戰爭，訂立了馬關條約，清廷將台灣割讓給日本，台灣成為日本的殖民地。

　　台灣時有許多士紳及商賈反對割讓給日本，先是一再陳情無效，乃於同年 (1895) 成立台灣民主國。台灣民主國維持甚短，先是基隆落陷之後，總統唐景崧與一些重要官員逃離台灣，再是十月十九日，設於台南的台灣民主國政府也因大將軍劉永福的逃亡而宣告滅亡，為期不過半年。然而，台灣人的武裝抗日並沒有終止，一直到 1915 年的西來庵事件（礁吧年事件），台灣人的武裝抗日才算告一段落。

　　台灣民主國就其作為一個近代國家的構成條件而言，的確相當缺乏。說它是一個漢人社會反對異民族殖民統治而採取的抗爭形式，可能比較恰當。總統唐景崧自一開始便無意搞台灣獨立，頻頻向清廷示意，表達他的無奈與忠誠（註四），繼任總

統劉永福也沒有正式地就職。台灣民主國政府雖然有正式的制度 (黃昭堂，1989：53-54)，但是在戰亂期間，有效的統治領域也是相當有限。加上在國際間，主權並沒有得到承認，因此，嚴格來講，台灣民主國並不是一個近代意義下的國家。

值得注意的是，促成台灣民主國地建立的是台灣當時的一些仕紳與商賈，就其國家意識而言，仍有漢民族的華夷之辨，因而不願意被 < 蠻夷之邦 > 所統治。至於一般的農民與地主為何會起而反抗，常是因應於日軍在佔領過程中的暴行，如搶劫財貨、姦淫婦女等，而招來民怨。(黃昭堂，1989：55) 當然，這其中不乏有較為明確的國民意識者，如徐驤，< 若能成功則樹立新國家，輝映千古，若失敗，則我等骨肉與血願隨台灣一同消失 > 民主國副總統丘逢甲亦表示，< 台灣屬於我台民 >。(黃昭堂，1989：60)

1915 年的西來庵事件，曾經提出要建立一個大明慈悲國，也算是一個獨立運動。可是仍然是傳統性的，可視為是清代聚眾抗官的延長。(若林正丈，1987：288)

總括來講，台灣人在日本佔領台灣的過程中，曾經企圖建立自己的國家，然而，這種企圖充其量只是一種消極地抵抗，而其背後的意識形態則是儒家士大夫華夷正統的思想。國家建構的過程過於倉促，政治制度只有中央政府體制，連地方政治制度都沒有建立。社會動員網絡更是缺乏，因而只能落得倉皇落敗。這就是有史以來建立在台灣的第一個國家。

2. 日本與中國的近代國家建構

台灣變成日本殖民地之後，也納入了日本近代國家的建構的過程中。在此之前，日本已經歷過戊辰事件，而形成了絕對王權的明治國家，明治國家雖然在自由民權運動的努力下，建

立了君主立憲制，但是明治維新後所產生，絕對主義的國家權力並沒有改變，此時的日本，國家的社會基礎建立在轉換為近代商業主流的政商集團與特權資本家，以及半封建的寄生地主，而非舊領主或者政商集團。國家權力則為半封建的專制官僚所掌握，他們雖然有賴於上述階級的支持，但仍具有高度的相對自主性。「這個統治體制是明治維新所造成的國家權力在資產階級革命運動與國際壓力中，為延長自己生命開始做自我修正而達完熟形態，才出現的。」(原口清，1986)

　　台灣剛納入日本帝國統治時，非但無法幫助解決日本的財政困難與資本主義發展的問題，反而，形成了日本的財政負擔，一直要到兒玉源太郎就任台灣總督與後藤新平民政長官開始整頓台灣的經濟時，台灣總督府的財政才開始緩慢自主。而日本對於台灣的佔領，一開始便是為了軍事與經濟的利益，所以佔領之初台灣財政的無法自主時，日本國內甚至有人主張放棄台灣。直到「工業日本、農業台灣」的分工體系與發展策略奠定之後，台灣變成了日本生產體系的一環，不僅在政治體制上，同時也在生產體制上，逐漸被納入法西斯統治的國家建構過程中。

　　另外一方面，歷經滿清末年腐敗統治的漢民族也開啟了近代中國的國民運動，先是孫中山在 1894 年成立興中會，後再於 1905 年結合了其他革命團體成立中國同盟會。清國內部則有梁啟超、康有為等人要求維新變法，然而，百日維新終於在 1899 年二月二十一日，慈禧太后幽禁光緒皇帝後宣告結束。近代中國的國民運動也由君主立憲開始轉向革命建國。1911 年，辛亥革命成功，推翻了滿清統治，建立了中華民國。可是，中華民國的建立一開始便碰到了一個大難題，即軍閥割據，在蔣介石的領導下，國民政府於民國十八年 (1929) 在形式上統一了全中

國。在此過程中，近代中國另一個國民運動－中國共產黨開始崛起(1921)。不管是國民黨或者是共產黨領導的中國國民國家運動，台灣社會都沒有納入其民族國家的形塑過程中，台灣做為一個殖民地，正逐漸納入了日本帝國主義擴張的計畫裡。

但是，曾經被明朝與清朝統治，而漢人又居多數的移民社會台灣，在殖民地的解放運動與國民意識上，的確有重新納入中國大陸國家建構的傾向；但是在長達半個世紀的隔離下，台灣社會經歷過殖民統治的近代化洗禮，資本主義的商品化農業已相當發達，社會形構的過程也與中國大陸存在極大的差異，這使得認同中國的國民意識與其現實的社會基礎上存在極大的矛盾性，而且不可諱言的，日本的同化政策與皇民化運動等國民形塑的機制，的確在其統治的五十一年中，對於台灣人的政治意識、語言文化、物質生活產生相當大的形構作用。吳濁流的小說〈亞細亞的孤兒〉、〈無花果〉等，是論述這個歷史處境的文本典範之一。

〈亞細亞的孤兒〉主角胡太明無法接受日本的殖民地統治，嚮往中國而前往大陸，但是，很意外的是在大陸的台灣人也受到中國人的排斥，以致於必須隱瞞台灣人的身分。胡太明因為身分洩漏而被警察逮捕，最後逃脫回到台灣，以發瘋作為其尋找自己國家的終點。(吳濁流，1977) 夾雜在日本與中國近代國家建構中的台灣人，在國民意識上不可避免地產生精神分裂。

3. 資本主義與商品化農業

(1) 商品化農業的形成

資本主義的發展在十九世紀的歐洲演變成了殖民主義與帝國主義，而首先占領台灣的殖民者是荷蘭人，1624年，明朝因荷蘭人進攻澳門，後強佔澎湖，一再騷擾沿海，遂與之媾和，

允諾其佔領台灣島，要求放棄澎湖。(史明，1980：58、楊碧川，
1988：2)荷蘭人於 1632 年興建了熱蘭遮城，1650 年建赤崁樓，
設東印度公司辦事處。荷蘭人在台灣所進行的主要是掠奪性的
經濟與轉口貿易。出口的貨物主要是鹿皮、砂糖與米，砂糖主
要是銷往日本。當時，土地制度為王田制，所有土地為聯邦議
會所有，由東印度公司租借給漢人移民從事耕作。明鄭時，仍
延續荷蘭人之製糖業。至清朝末年，台灣蔗糖業已相當發達，
當時壟斷台灣出口貿易的主要是英美的商業資本。

(2)土地制度的變革

如前所述，荷蘭時代土地制度是國有制，明鄭時期接收荷
蘭人之王田稱為官田，屯兵開墾的稱為營盤田，由官吏或王族
與私人共同開墾的稱為私田。清朝自康熙開始，便有限制移民
政策。但是在乾隆與嘉慶年間，渡海來台的漢人移民仍相當多。
一直到光緒元年 (1975) 才開始獎勵移民。清朝將明鄭的官田與
營盤田都改為民業。農民之中有人聚眾開墾或者地主中招募人
開墾，經政府發給執照者，稱為「墾戶」，向墾戶租借土地者，
稱為「佃戶」。清代許多佃戶已控制了土地的使用權，再將之
租給新來的移民，稱為「現耕佃農」。

由於清代台灣商業活動的盛行，由墾戶出資開墾土地，再
租與佃農，形成土地租佃關係。這種墾戶與佃戶的關係，由於
農業商品化的過程而改變，佃戶由於繳納的地租是實物租，且
只占年收穫量的十分之一，因此其勞動剩餘可以藉由商品之交
換，獲取相當高之利潤，累積資產。因而，土地所有關係漸漸
由使用權變成土地之實際擁有者，或者可自由處理原先的佃耕
權，這些佃戶再將其耕地租與從大陸移入之農民，稱為現耕佃
農，而原先之佃戶則稱為「小租戶」。這些小租戶在商品經濟
下由於漸漸擁有土地管理之實權 (涂照彥，1992：18-20)，在清

末劉銘傳及日據初期的土地調查中被國家選擇做為土地之所有
者，也就是地主階級。

1887 年，劉銘傳在台灣進行的土地丈量，定小租戶為業主，
同時將大租減少四成，即訂下所謂 < 減四留六 > 法。雖然遭到
大租戶的反對，而未徹底執行，1905 年，日本總督府透過對大
租權的整頓，將大租權收歸國有，確立小租戶為土地之所有者，
建立的單一地權之土地所有制度，也保存了移民社會的土地所
有關係。這樣的土地制度，當然有助於其對殖民地之社會控制，
一方面也是作為資本主義發展的基礎工程。

(3) 資本存在的型態

砂糖仍然是台灣最重要的輸出品，貿易皆為外國商人所壟
斷，製糖業則逐漸由地主資本與外商資本取代了農民所經營的
糖部，製糖的勞動過程逐漸與資本分化了，因而，蔗糖的利潤
也就更加被外國商人與地主所獨佔。農民成為純粹的原料生產
者。外國商人因為壟斷了商品的流通過程，一方面，壓低農產
品的價格，一方面，抬高輸入品的價格，來從事剝削。(東嘉生，
1985：54) 外商還透過高利貸資本或金融資本來貸款給農民，並
且進而控制了他們的生產過程。

這些壟斷資本的型態，包括：產業資本、商業資本、金融
資本與高利貸資本，在日本佔領台灣之後，都由日本資本家所
取代。(矢內原忠雄，1987：32-36) 這個轉移的過程是由總督府
一手策劃與進行的。因而，原本由歐美資本所控制的資本型態，
現在轉由日資加以控制，由殖民政權主導的資本型態轉移，使
得日本資本與政權的力量相互結合，在驅逐外國資本與控制本
地資本的過程中，建立殖民地壟斷資本的剝削體制。'

註一、此處台灣是指台灣島及其附屬包括澎湖的八十七個島嶼。元朝
　　　雖然曾於 1360 年在澎湖設立巡檢司，但在明太祖洪武二十年
　　　(1387) 又廢除，1624 年，明朝承認荷蘭人占領台灣 (今安平)。
　　　直至明鄭建立了東寧王朝，確是立基於台灣的政權。

註二、清法戰爭後，左宗棠、李鴻章等人曾上奏，陳述台灣在海防上
　　　的重要性。

註三、唐景崧自始至終不願意台灣獨立為一個國家，原因是唯恐清廷
　　　責怪，在電文中曾自稱 < 終日以淚洗面 >。(黃昭堂，1989：
　　　52-55)

第二章　殖民體制與國家建構

　　日本帝國依據 1895 年訂立的馬關條約而佔有了台灣。在接收台灣的過程中，遭受台灣官民的抵抗，其後武裝抗日一直持續到西來庵 (1915) 事件，才算告一段落。這段期間日本帝國在台灣主要是在鞏固其殖民政權－總督府，統治的主要工作也是在鎮壓武裝抗日。1898 年，兒玉源太郎任台灣總督，民政長官為後藤新平，才開始著力於建立殖民地的經濟體制。總督府首要工作為財政獨立，再來便是發展台灣的商品化農業，透過扶植日本的糖業壟斷資本，來剝削台灣農業部門的剩餘，以利日本本土的工業化與資本積累。

　　台灣是日本第一個殖民地，日本剛領有台灣之初，對於殖民地的統治相當缺乏經驗。日本在占領台灣的那一年，在中央政府成立了台灣事務局，做為主管台灣的機關。1896 年，改由拓殖務省管轄，後又改由內務省統理 (1898)。總督府的主管機關雖然更替頻繁 (黃昭堂，1989：204)，但是，台灣總督府的自主性相當高，賦與總督在台灣實行專制的根源是＜六三法＞。六三法規定了總督有委任立法權，不受日本憲法的約束，在台灣可以用行政命令代替所有的法律。縱貫整個日本統治時代，雖然六三法經過幾次的修改，而且總督府也設置了評議會，但只具備諮詢的功能，總督一人專制的局面並沒有改變，尤其1930 年代，進入戰爭動員體制之後，總督專制的權力更加擴張。

　　這個以日本糖業壟斷資本為主幹的殖民經濟體制，是以剝奪台灣農民的勞動剩餘為首要機制，直到一次大戰發生，日本因工業化，都市人口激增，糧食不足，須從殖民地進口稻米，導致台灣蓬萊米的生產不斷擴張，因為米糖比價的關係，也影

41

響到甘蔗收購價格，減少糖業資本的利潤，才暴露了所謂「米糖相剋」的問題，殖民地的剝削機制因而產生危機。

在此同時，1920年代台灣的政治社會運動也開始陸續興起。主要可以分為兩個類型：自治主義與社會主義。自治主義以阪垣退助的台灣同化會為始，歷經台灣議會設置請願運動、前期文化協會、前期的民眾黨與台灣地方自治聯盟。結合了民主主義與國民主義，運動策略是在殖民體制之下，透過合法的管道，建立民主的制度，在肯定台灣社會的特殊性之下，要求殖民地自治的地位。社會主義則始於後期的文化協會、後期的民眾黨、台灣共產黨與台灣農民組合。社會主義中雖然流派眾多，但都強調階級問題的重要性，將階級解放作為殖民地解放運動的核心之一。1930年代，隨著日本軍國主義的擴張，使得台灣進入了戰爭動員體制，1931年，台共、民眾黨相繼被整肅之後，社會運動終告式微。遺留下來的地方自治聯盟也在後來的地方選舉與皇民化運動之中，逐漸被收編。

台灣作為日本的殖民地，在日據前期還沒有被整合到日本近代國家的形成過程中，台灣始終是在總督府的律法制定權下忍受專制統治，得不到日本憲法的保障。所謂「內地延長主義」是在民主運動的衝擊下所提出的口號，殖民體制並沒有因而改變，台灣人始終沒有參政權，也一直在處在被剝削的狀態下。日據後期，戰爭動員體制建立之後，因為日本不斷向南洋擴張，台灣才逐漸被視為是南進基地，為了便於對南洋統治，日本帝國試圖將台灣日本化，推行皇民化運動，穿和服、說日語。然而，隨著日本的戰敗，台灣被整合到日本近代國家的過程中也只是曇花一現，然而這些統治的遺跡，並沒有隨著政權的更替而消失，二二八事件便是最好的例子。

第一節　政權鞏固與專制統治

　　台灣總督府自樺山資紀到安藤利吉的十九任總督裡，有九位是文人總督，但在日本統治的五十一年中只有十七年是文人統治。六三法賦予了總督行政權、立法權、司法權、軍事權，在文人總督之後，軍事權雖然分開，但是，台灣總督府還是名符其實的專制統治。明治三十一年(1898)施行的保甲制度沿襲自清朝，相當於中國古代的連坐法，在加上嚴密的警察組織，形成龐大且細密的社會控制網路，由於日本加強了交通網的建設與通訊設備的增加，使得這些網絡能更加有效的運作，也便利總督府的統治。

　　為了統治一個異民族，必須對風俗習慣等社會生活有所了解，因此，後藤新平於明治三十四年(1901)成立了臨時台灣舊慣調查會，運用科學調查所獲得的知識，是總督府統治的知識基礎。教育則自始即被視為是國家的事業，明治二十九年(1896)設立國語傳習所與國語學校。教育的中心是國語(日本語)教育，目的則在於藉由加強國民的同化與殖民統治。(矢內原忠雄，1987：142-153)

　　台灣的財政本來是日本本土的重大負擔，甚至有人因此主張放棄台灣，財政獨立是總督府維持統治的重大基礎，總督府利用各種專賣制度與稅收(黃昭堂，1989：92)，在明治三十八年(1905)達到了財政獨立。稅收之一的地租，在總督府土地調查，廢除大租權之後，增加了不少稅收，並且擁有了大量的土地。

(1)殖民政權的專制統治

　　1896年3月1日，台灣從軍政回復民政，同月三十日公布法律第六十三號 < 關於應在台灣施行的法令之法律 > 。(註 2)

從第一條可知，總督不僅具有行政權、軍事權、還有立法權。雖然總督頒布命令需要經過評議會議決。但是，評議會的成員均屬總督所屬之官僚，如民政局長、財務局長、陸軍幕僚參謀，海軍參謀長和事務官。就算是 1921 年所設置的總督府評議會，除了官吏七名之外，在加上在台日人九名，台灣人九名，但都是由總督所任命，並非民選，評議會只備諮詢，直到昭和五年 (1930) 才有建議權，直到日本統治結束為止，仍沒有決議權。

　　根據第一、三條所頒佈之命令，具有法律效力，稱為律令。總督的這種立法權稱為律令制定權。在日本本國，連天皇的敕令都不能與法律牴觸，但總督的律令可以。總督在情況緊急時，還有緊急命令權，在日本本國，只有天皇才可以發布緊急敕令，總督的緊急命令雖然要經過天皇的敕裁，但通常會照准，而天皇的緊急敕令，仍需帝國議會追認，可見台灣總督權力之大。六三法本來有效期間只有三年，但經過一延長，真正實行期間，達十一年。明治四十年 (1907)，實施三一法，取消總督命令具有法律效力之規定，但總督命令效果仍一樣。另外，規定總督之命令不得與法律牴觸，但已頒布之命令仍屬有效。三一法的有效期限本為五年，又延長至十五年。1921 年，因為內地延長主義的實行，限制了總督的律令制定權，但直到日本統治結束，總督皆具有律令制定權與緊急命令權。(黃昭堂，1989：217-224) 在總督的律令制定權之下，台灣人根本得不到任何憲法保障的基本人權。

　　如明治三十一年 (1898) 的「匪徒刑罰令」，規定只要是反抗日本官吏與軍隊者，不分首從，包括未遂犯，一律處以死刑，此法還溯及既往。(黃昭堂，1989：94)

　　總督除了律令制定權之外，還可以頒布 < 總督府令 > 的行政命令，與律令不同，但事實上同樣具有法律效力。違反總督

命令者，得判一年以下的徒刑、禁錮或拘留，或者兩百日圓以下罰金。地方官廳也有權頒布州令、廳令，相當於日本本土的府令、縣令，違反者得處以兩個月以下相同刑責，或七十日圓以下罰金。台灣由於不適用日本憲法，殖民體制因此沒有三權分立，行政權的膨脹，不只是中央機關的總督府，連地方州廳也是如此。

相同的情形也發生在司法權上。總督府不但享有對法院的管理權、人事權，還進一步擁有司法權。根據 < 台灣總督府臨時法院條例 > ，處理顛覆政府、反抗施政之暴動、危害高官顯要、外患罪以及犯了匪徒刑罰令諸罪的案件時，總督可以視需要在適當場所設置臨時法院加以裁判，而不受一般裁判管轄權的限制。明治三十七年 (1904) 的律令第四號 < 犯罪即決例 > ，更給予廳長判刑的權力，對於違反行政命令者，得處以三個月以下刑罰。到了大正九年 (1920)，這個權力更下達下級的郡守、支廳長、警察署長。如 < 台灣住民治罪令 > ，憲兵、將校、下士、守備隊長、兵站司令官、地方行政長官、警部都可以行使檢察官的職務。罪刑輕者，交由警察署長級分署署長裁判即可。台灣人民的基本人權更無法透過公開、獨立的司法審判來獲得

(2) 社會控制

殖民政權的社會控制主要是透過警察組織與保甲制度來進行。在日本帝國所有的領土之中，台灣的警察密度是最高的 (註三)。日本佔領台灣之初的軍政時期，警察是由軍人所掌握。實施民政之初，軍部仍對警察有相當之控制權。兒玉總督時，才將警察權統一於警察機關，從此，警察開始扮演對台灣社會控制的角色，形成了強大的「警察國家」體制，所有與人民直接接觸的支廳長，都由警部來擔任，也就是將普通的行政機關交由警察來控制，這個制度實行了二十五年，也就是日本統治的

前半期，直到第一任文官總督田健治郎才將一般行政事務由警
察機關分離出來。

　　然而，警察雖然不再直接管理地方行政事務，卻由於警察
權過於強大，且運用保甲制度已掌握了社會網絡，因此，仍舊
全面性的干涉了行政事務。其中的關鍵之一則在於地方行政長
官 (郡守) 握有警察權，後來由於社會運動的反對，石塚英藏總
督於 1929 年決定「郡警分離」，將警察權從郡守分離出來，然
而，直到日本戰敗，都沒有實施。(鹽見俊二，128-129)

　　警察除了掌握行政權之外，還擁有控制思想與經濟的權力，
因而有所謂思想警察與經濟警察。昭和三年 (1928)，川村竹治
總督設立了高等警察制度，也就是思想警察，目的在監控與鎮
壓社會主義運動與國民運動。昭和十三年 (1938)，中日戰爭已
爆發，台灣進入戰時統制經濟，遂於台灣設置經濟警察制度，
控制所有經濟統制法令之執行，＜警察國家＞的功能轉為經濟
性。但是，殖民政權運用警察體系來從事政治動員的機制更加
顯露無遺。(鹽見俊二，129-130)

(3) 文化控制

　　根據明治三十一年 (1898) 律令第八號，日本本國的民法、
刑法、商法及其附屬法雖然在台灣實行，但僅止於與日本人有
關聯的情形才使用，台灣人並不適用，而是依照習慣來處理，
這是新興的日本帝國統治他第一個殖民地的策略。因此，明治
三十四年 (1901)，成立了臨時台灣舊慣調查會，來了解台灣舊
有的風俗習慣。(黃昭堂，1989：86)

　　國民的同化，語言的改造是文化改造中最重要的一環。
明治三十九年 (1896)，日本在台灣設立的第一個學校便是從事
殖民者語言改造的語言學校與語言傳習所。日本語雖然代替了
台灣閩粵及原住民的語言，成為官方制定的正式語言，但是日

語教育並不普及，造成了日本人獨佔了政府機關與企業。台灣原有的知識菁英在語言的改造下，喪失原有的優勢地位。大正十一年 (1922) 的新教育令，又使日本人獨佔了高等教育方面，形成國民的差別待遇，即使有機會受高等教育的台灣人，也不易在官廳及會社謀職，使他們「高等遊民化」。(矢內原忠雄，1987：142-153) 這種日本語中心主義 (蔡培火語) 的語言政策，是殖民者文化控制的關鍵，也是殖民政權國民形塑的基礎之一。

(4) 財政措施

殖民地財政獨立問題，到後藤新平時終獲解決。但是，後藤是運用專賣制度來壟斷市場，並且增加稅收。如鴉片漸禁政策及明治三十年 (1897) 的台灣鴉片令，使鴉片變成專賣，名為禁鴉片，事實上也獨佔了鴉片的生產與流通，這是近代台灣國家資本主義的濫觴。鴉片的專賣一直到 1945 年才結束。專賣收入占總督府歲收維持在 15%-30%(黃昭堂，1989：84-85)。為以 1906 年為例，鴉片、食鹽、樟腦、香菸等專賣收入便占了總督府稅收的 50.9%。總督府另一項歲收是地租。後藤於明治三十一年 (1898) 創設了臨時台灣土地調查局，進行土地調查，發現了許多未登記的隱田。土地調查結束後，又收購大租權，確立小租戶為土地所有者，也鞏固了總督府的地租收入。1906 年，地租的收入是總歲收的 11.6%。殖民政權的財政措施初步建立了對殖民地社會汲取資源的方式，政權的稅收是運作整部統治機器的重要能量之一。總督府的另一項稅收是砂糖消費稅 (佔歲收 9.4%)，卻是將砂糖生產的成本由糖業資本轉嫁到以台灣人佔大多數的消費者身上。

第二節　殖民經濟體制的建立與危機

日本帝國既然將台灣納為殖民地，經過武力鎮壓之後，也

開始發展台灣的商品化農業，以便有助於日本本國的資本積累以及工業化。台灣雖然存在從荷據時代即已開始經營的蔗糖業，還有其他農產品可供輸出，如：米、樟腦、菸草、茶等，但是並沒有真正建立資本主義的生產方式，蔗糖的生產仍然由傳統的糖廍來負責，技術較為落後，沒有現代的生產組織。同時，台灣度量衡沒有統一，市場缺乏單一的運作尺度，土地所有權歸屬不明確，這些不適合資本主義經濟運作的社會因素，一一被總督府所排除，如此，誘使日本壟斷資本輸入，藉由日本在台資本的積累，間接有助於日本本國的資本積累。

另外，台灣的製糖業早由英美的資本所把持，金融、貿易、商業亦然。日本既然領有台灣，自然想讓台灣脫離與大陸、歐美各國的經濟依存關係，使台灣與日本成為同一經濟體；一方面要取代歐美資本在產業、貿易、金融的地位，一方面，要建立台灣與日本在經濟上的聯繫，增加貿易的依存度，統一貨幣與度量衡，使之脫離大陸的經濟範疇。日本的蔗糖一直是仰賴台灣輸入，如今成為其領土後，對於蔗糖的生產當然特別重視，一方面，可以供給日本國內，一方面，可以外銷、賺取外匯，有利於資本的行程。台灣遂慢慢被納入與日本的分工體系之中，「工業日本，農業台灣」的政策，一直到日據末期，軍需工業化的階段，才有些許的改變。日本與台灣的分工關係，對於日據時期台灣經濟體制的形塑有決定性的力量，它使得台灣處於一種依賴發展的階段，台灣的商品化農業，生產力不斷在提升，卻也越來越依賴於日本的資本與技術，當然，殖民政權是一個相當重要的中介者，這個分工體系的影響一直到戰後都還存在。

日本的糖業壟斷資本是依靠著壓低甘蔗收購價格來降低成本，榨取利潤。為了降低蔗農的收入，在米糖比價的機制之下，也必須壓低米農的收入，讓米農維持在一個較低的生活水平。

這個剝削的機制是建立在部門之間不平等的分工上,也就是建立在米作部門生產力相對的落後之上。而這個機制在一次大戰時發生了危機,遂爆發了米糖相剋的問題。

一次大戰發生後,日本加速其工業化,農村人口流入都市,米糧生產不足,甚至發生了「米暴動」,因此開始從殖民地大量進口,大正十一年 (1922),蓬萊米成功的移植到台灣,更提高了台灣稻米的產量,隨著米價的上揚,甘蔗收購價格也被迫提高,所謂米糖相剋的問題遂更加尖銳。米糖相剋,就剝削機制而言,是日本糖業資本與台灣農民之間的對立,米糖相剋的剝削機制產生了危機,也代表日本在台糖業壟斷資本的積累產了危機,總督府與糖業資本都試圖去壓抑甘蔗與稻米的價格,這個相對剝奪階段的產生,恰好也是日據時期政治社會運動展開之時。不管政治社會運動的原因是民族自決的思潮、社會主義運動、大正民主時期、還是台灣知識份子與地主階級的興起,殖民經濟體制的危機,恰好是運動所處的社會基礎,也是社會運動的條件和限制。

(1) 資本主義的基礎工程
A. 土地調查

明治三十一年 (1898),成立了臨時土地調查局,調查結果,承認大租權並禁止新設,明治三十七年 (1904),收購大租權,確立過去的小租戶為業主。關於土地權利之移轉,則於明治三十七年制定土地登記規則,已向政府登記為有效條件。土地調查的結果,確定了土地的權利關係,使得土地的交易獲得保障,已對土地投資與企業設立的保障作為條件,來引誘日本資本的投資。(矢內原忠雄,1987:16-18)

對於林野的調查工作,始於日俄戰爭後,結果是確立了大部分都屬於官有地。關於確定林野所有權,明治二十八年 (1895)

發布了官有林野取締規則，凡未領有地卷或所有權證的山林原野均收歸官有，規定了所謂「無主地歸國有」的原則。將農村許多大家習慣共有的林野地，以保管林的名義，收歸為國有地。卻又無法利用，總督府不是以低價賣給日資企業，就是在賣給民眾圖利，依靠此方法所賣出的林地有 204912 甲林地，獲益為 5459863 圓。(涂照彥，1992：40-41)

B. 統一度量衡與貨幣

商品經濟的確立與普及，從而資本主義經濟的確立與普及，不但必須成立度量衡與貨幣，且須有度量衡的確立、普及與統一。因此，在本國促使殖民地資本主義化的同時，不但要統一確立殖民地社會的度量衡及貨幣制度，藉此，使殖民地在資本主義的意義上成為本國的一部份，使本國及殖民地包括在同一經濟領土之內。(矢內原忠雄，1987：16-18) 矢內原的這段話，道盡了統一度量衡與貨幣在台灣殖民地化過程中的意義。

根據明治三十三年 (1900) 發佈，隔年實施的「台灣度量衡條例」，乃改正統一為日本式。至明治三十六年年底，禁止舊式度量衡的使用。明治三十九年四月起，關於度量衡器的製作、修理及批賣，都歸官營。要之，這是台灣度量衡制度的統一，是由台灣式度量衡制度向日本式度量衡制度的變化，也是藉由國家供給，來普及並確立新的制度。

總督府並對台灣當時混亂的貨幣加以整理，使得與日本本土統一於同一套貨幣制度，這是台灣幣制改革的要旨，台灣本來的幣制，主要是與大陸一樣屬於銀本位，佔領之初，仍行銀幣制，但與日本金幣之兌換導致匯兌投機 (涂照彥，1992：44-45)，明治三十七年 (1904)，日本本國允許台灣銀行發行金幣兌換券，除納稅之外，禁止銀圓的通用。明治三十八年 (1905)，以銀圓納稅亦在禁止之列，銀元的收兌期限至隔年四月末止，

銀圓兌換券的收兌期限則為隔年十二月末。這一措施實行後，即於明治四十四年 (1911)，施行貨幣法，完全與日本國內的制度統一。(北山富九二郎，1959：91-142)

　　金幣制度的實施，並非出於台灣社會本身的需要，而是因為日本對台灣投資與貿易的增加，使得台灣與金幣國之貿易幾乎達十分之七，因此是應金幣國的要求而改變。(矢內原，1987：29-31) 在金、銀兩位貨幣制併行期間，由於金銀比價的變動導致匯兌投機，形成貨幣價值不穩定，因而，幣制的改革有助於保障日本的投資，具備了這個條件之後，始促成日本資本的流入，以及以製糖業為首的企業興起。(涂照彥，1992：41-46)

(2) 殖民壟斷資本的建立
A. 外國資本的驅逐

　　幣制的統一是以台灣銀行為基礎在進行的。台灣銀行的創設是在明治三十一年 (1899)，他具備了多重的功能，幣制的統一、驅逐外國資本、吸收台灣民間資金、提供融資給日資企業 (主要是製糖業)，還有購買公債等等。在其業務擴張的過程中，也漸漸取代了傳統媽振館 (註四) 與匯兌館的角色。

　　有關糖業的歐美商業資本，是以洋行為中心，日據初期主要有德記、怡記、慶記、美打、海興及東興等洋行。基本上是透過本地的買辦來控制產品的生產與流通。日資的進入，首先是三井物產會社於明治三十五年 (1902) 在台南設立辦事處。明治三十八年 (1905)，橫濱的增田屋商店與安部幸兵衛商店共同組織合股會社，在台設辦事處。明治四十至四十一年 (1907-1908)，神戶的鈴木商店及湯淺商店、大阪糖業會社陸續向台灣進軍。歐美資本不斷被迫退出，只有怡記商會於 1906 年兼而經營改良糖廠，1911 年 8 月成立怡記製糖株式會社，隔年 1 月便被三井

財閥系統的台灣製糖會社所合併，至此，歐美資本完全被驅逐出台灣的糖業。(涂照彥，1992：284-285)

　　茶葉，樟腦與鴉片的貿易本為外國商人所壟斷，也被日本資本一一代替。茶葉由於三井合名會社等直接經營茶園，控制了茶業輸出的來源，結合了產業與商業資本，外國資本遂被驅逐。樟腦亦為外商所獨佔，明治三十二年 (1899) 開始實施專賣制度，使商權由物商轉移到政府獨佔，但輸出仍為英商所把持，明治四十一年 (1908)，改由政府直接經營，實際上，則委託三井物產會社。這一獨佔資本轉移的過程，是藉由殖民政權先將外國商權收歸國有的形式，再轉移給日本會社，完成日資的獨占地位。鴉片的輸入本來也是外商經手，藉由專賣制度的實施，也被三井物產及其他日本商人所取代。(矢內原忠雄，1987：33-35)

　　米向來也是台灣重要的農產品，明治三十一年 (1901)，三井物產開始經營米業。其後，外國商人的勢力雖然逐漸退出，但台灣本地商人的勢力仍存在，蓬萊米普及之後，米的輸日增加，日商經營米者也跟著增加，昭和二年 (1927)，瑞泰、泉和組等主要台商經營失敗，米穀的貿易遂由三井物產、三菱商事、加騰商會、杉原產業等四大米商所寡佔。

　　海運方面，大陸及香港航路向為英商 Douglas 所獨佔明治三十二年 (1899)，總督府對大阪商船會社發給補助金，開闢命令航路，結果 Douglas 受到壓制，明治三十八年 (1905) 完全撤出台灣。(矢內原，1987：35-36)

B. 土著糖業資本的從屬化

　　台灣舊有的糖廍與糖間在日本殖民資本的競爭下，於明治四十四年至大正一年之間 (1911-1912) 之間急劇衰落。剩下來可以與日資抗衡的本土資本，採取新式製糖廠經營者，如：南昌

製糖會社、台南製糖會社、麻豆製糖會社、維新製糖會社、鹽
水港製糖工廠，也在明治四十至四十四年 (1907-1911) 之間一一
被日本製糖會社兼併。(涂照彥，1992：286-288)

　　連台灣五大家族中的糖業資本，包括：陳中和家族、以及
由陳家衍生的王雪農家族，台灣最大的地主林本源家族，以及
辜顯榮家族，也在殖民政權與日本在台糖業資本的合作下，於
二十年代之前逐漸被收買、合併或受到控制。土著糖業資本從
屬化的過程有幾個特色，第一、日本資本基本上是藉國家的權
力，等待其動員土著資本設立製糖廠之後，再利用其經營不善
或資金不足，設法奪取支配權。第二、日資介入的方式，主要
是順應土著資本的規模，採取不同的方式。對於地主式的製糖
會社，是藉由資金借貸及人事干預，掌握會社的實際控制權，
至於小規模的製糖會社，則採取收買、合併的方式。第三、兼
併土著改良糖廍，主要是日本在台資本、土著資本也有參與，
但兩者後來都被資本更加龐大的日本國內資本所併吞，建立了
日本在殖民地台灣的糖業壟斷資本。

　　這個過程涂照彥將之稱為「日本資本第一次合併運動」。
它的特徵有三個：一、驅逐了歐美資本及土著資本的從屬化。二、
完成了對原料採集區域的劃分工作，也就是說控制了原料的來
源。三、由於慢性經濟不景氣，日本本國糖業資本已完成了糖
業的聯合，台灣的情形則是這個壟斷過程中的一環。(涂照彥，
1992：292-294) 第二次合併運動，發生於一次大戰後「砂糖黃
金時代」結束時，台灣的糖業資本大致上被三井、三菱及大日
本製糖等三大系統所控制。(參考表二) 第二次合併運動，主要
是為了控制市場，當然，由於資本的集中，原料採集區域也跟
著集中，加強了對甘蔗收購的支配性，而土著的糖業資本也更
加勢微。(註六)

(3) 殖民地剝削機制的建立與危機

如前所述，日本在台灣建立了壟斷性的糖業資本，這個糖業資本透過各種手段，如：限定原料採集區域、提供貸款、米糖比價、來壓低甘蔗收購價格，以獲取大量的利潤，增加資本的積累。而這個剝削機制，除了依靠糖業資本的壟斷性，總督府政策的配合之外，還有壓制米作部門的生產力與價格，造成部門之間不平等的分工。(柯志明，1989：93-102)

但是隨著一次大戰的爆發，日本加速其工業化，農村人口外流，米商又趁機囤積圖利，日本本國對於殖民地米糧的需要大量增加，使得台灣米也大量出口，大正十一年(1922)，蓬萊米引進台灣成功，米在台灣明確地成為一種商品作物，由於農民有轉作的自由，使得米農的收入增加，相對也影響到甘蔗的收購價格，降低了糖業壟斷資本的利潤。

土著社會的米作部門，雖然出口為日資四大米商所獨佔，但在日本米商與台灣農民之間，還有地主與土壟間等商業資本、高利貸資本與土地資本在支配著稻米的生產與流通，因此，米作的生產過程並沒有受到日資直接控制。在稻米商品化之後，土著社會的地主、土壟間與農民的收入，相對地也提高了。地主階級是日據時期政治社會運動主要推動者之一，米作部門的商品化為地主帶來相當大的利益，這個利益並沒有為日資所壟斷，農民也分享了利益，地主力量的興起是反殖民運動的重要社會基礎。(涂照彥，1992：429-432)

同一時期，蔗農的收入，相對地，卻受到壓抑，在米農收入增加的情況下，蔗農的收入卻明顯受到壓抑。另外一方面，日本在台糖業資本合併運動的結果，造成了幾家寡占性糖業會社增強了對原料採集區的控制能力。這種相對剝削與糖業資本的加強壟斷，導致了蔗農的爭議事件，也開啟了日據時代的農

民運動。

第三節　國民國家運動的展開與消退

　　日本帝國雖然將台灣納為其領土，但台灣一直處於被殖民的地位，台灣人並沒有受到像日本本國人一樣的待遇。內地延長主義，充其量只是對殖民地人民安撫的一個口號罷了，殖民體制並沒有因此有根本上的改變。1920 年代，台灣開始進入反殖民的國民運動。國民運動主要可分為兩種類型：自治主義與社會主義、自治主義，基本上是在承認日本統治的事實之下，要求殖民地的自治權，如：設置台灣議會、實行地方自治、開放全面性選舉結合了國民主義與民主主義。社會主義的運動，對於殖民統治的批判，主要不是在民主化的問題，而是生產體制的剝削，因此除了要求殖民地的獨立與解放之外，最重要的還是要取消階級的壓迫。

　　因此，同為國民運動，同樣是在日本帝國主義壓迫下，土著社會反對殖民統治，試圖運用集體行動的方式來改造殖民體制，改造國家或者建立國家，兩者所著重的不同，前者指向政治體制，後者指向生產體制。這其中當然有兼容並蓄者如蔣渭水，主張全民主義，融合兩者的主張而自成一格，但是就運動與組織的變遷來看，自治主義與社會主義仍是最主要的兩個類型。

（1）自治主義

　　自治主義可溯及阪垣退助的台灣同化會，即主張將台灣同化為日本人。同化主義雖然在人民的政治權力方面，試圖使台灣人與日本人受到同等待遇，但對於殖民地的特殊性，卻明顯將以忽略，林呈祿後來反省到這個問題，認為殖民地的民主運動勢必要顧及台灣的特殊性，因此應該要求設置台灣議會，賦

予殖民地人民高度的自治權。

　　台灣議會設置請願運動，最後並沒有成功完成自治的目標，但是在文化協會各地演講會的啟蒙之下，殖民地人在政治意識上的確有受到啟發。文化協會（前期）推動議會設置請願運動一直不遺餘力，當時台灣留學生接觸社會主義思想者漸多，在演講會中有許多青年紛紛受到影響，文化協會終於在左翼青年的策動下分裂。（張炎憲，1984：282-290）

　　分裂後自治主義者另外組成台灣民眾黨，但不久，民眾黨又因左傾而分裂，林獻堂、蔡培火等人遂另外組成台灣地方自治聯盟，堅持其自治主義的主張。自治主義者之所以無法接受左派的運動路線，除了激進與溫和改革的差別之外，最重要還是，自治主義是以林獻堂等地主階級為基礎的運動，對於強烈主張階級革命的運動路線，勢必違反土著地主積極自身的利益，當然無法獲得其贊同。

(2) 社會主義

　　社會主義運動肇始於 1923 年的社會問題研究會，1927 年，文化協會分裂，由連溫卿、王敏川等社會主義者主導。1926 年，台灣農民組合成立，也是採取階級鬥爭的運動路線。這些社會主義者主要是受到當時日本與中國的社會主義思想的啟蒙，更廣泛而言，是整個世界的社會主義運動思潮的產物。

　　1928 年，台灣共產黨在上海建黨，分別於 1929 與 1931 年將文化協會和農民組合納為其外圍組織。對於工人運動，由於民眾黨成立了台灣工友總聯盟，掌握了工會組織與群眾的動員，因而，台共在工人運動方面支配力一直相當薄弱。

　　雖然台灣共產黨與日共、中共的關係複雜（註七），但是，基本上台共是接受第三國際的指導，隸屬於第三國際，為日本共產黨台灣民族支部。1920 年，列寧在莫斯科發表了「關於民

族與殖民地問題的綱領」(列寧,1972：270-276) 獲得第三國際
第二次代表大會決議通過,成為殖民地解放運動的指導綱領,
台共因而提出台灣民族論與台灣獨立的主張。(史明,1980：
573-583) 台灣民族的基礎是在其處於殖民地的特殊地位,這個
主張當時也為中共所接受。

　　所以,以台共為核心的社會主義運動將社會主義與國民主
義結合,是運動綱領下的產物,台灣民族的概念是相對於帝國
主義的支配而言,其基礎是在於台灣社會的殖民地性質。(台灣
總督府,1989：24-38)

　　社會主義運動的另一分支,也就是蔣渭水的民眾黨。他所
信奉的是孫文的全民主義,也是結合了國民主義與社會主義,
但此國民主義是帶有濃厚漢民族中心論的中國國民主義,這個
國民主一是建立在種族與文化之上,而非社會性質,與台共的
國民主義不同。(楊碧川,1988：68-69)

(3) 國民形塑與國家建構

　　自治主義與社會主義,由於其所處階級立場的差異,以及
所採取的意識形態不同,導致了運動路線的分歧,對於民族建
構與國家建構的理念與策略也互有差異。

　　就國民形塑而言,針對日本帝國的統治,自治主義是在承
認國家統治的合法性前提下,要求殖民地的民主化與自治權。
簡而言之,是對於公民權的要求,使得台灣人能與日本國民一
樣同樣享有憲法所保障的權利。這個理念在議會設置請願運動
時便顯露出來 (周婉窈,1989：164-170),到地方自治聯盟時更
為確立。因而,對於國家整體的建構而言,自治主義者要改革
的是因為民族差異而造成在政治權力上的不平等,因此,他們
要求政治體制的民主化,如：撤廢六三法運動、議會設置請願
運動、地方自治聯盟。要求近代國民國家所應有的公民權,如：

自由權、財產權、參政權。自治主義因而也可以說是，在日本
近代國家建構過程中殖民地台灣的一種改革主義及國民主權運
動。社會主義者的國民形塑基本上是繼承了列寧的殖民地民族
論，以社會性質來界定國民。國民形塑是以階級革命為核心，
因此，必須以推翻帝國主義的統治為前提，再來進行以工人階
級為基礎的社會革命。社會革命因而是國民形塑的主要內容。

國家的建構在這個基礎之上，是為了完成無產階級專政，
達到社會革命。這種將國家作為階級鬥爭的工具的國家建構，
可以說是第三國際，正統馬克思主義的國家理論指導下的產物。

不管是自治主義或者是社會主義，在日本帝國軍事擴張之
下，隨著日本本國對於社會主義的鎮壓，以及台灣戰爭動員體
系的建立，一一被壓制。殖民地的國民形塑與國家建構，可以
說是如曇花一現。在此同時，於海峽對岸，由中國國民黨與共
產黨所分別領導的國民國家運動正處於激烈的鬥爭之中，這兩
個國民國家運動在後來的歷史中又影響了台灣社會的發展。

(4) 資本主義與殖民危機

近代的日本在明治維新之後，企圖發展先進的資本主義，
但是由於本身產業型態的限制，使得它資本積累一直相當有限，
都是靠農產品來賺取外匯，卻又受到歐美各國的管制。當日本
獲得了殖民地台灣之後，剛好提供它一個以殖民剝削機制來進
行資本積累的機會，在加上日本經歷過幾次戰爭後，如日清甲
午戰爭、日俄戰爭與一次大戰，使得日本以軍需工業的型態開
始進行工業化，發展資本主義。(林中平，1988：63-74)

「農業台灣、工業日本」的政策，使得日台間的分工體系
逐步建立，這個過程主要是由殖民政權來執行，而其最終目的
則是為了維繫日本資本主義的再生產。日本在台灣所建立的殖
民經濟體制，是以糖業壟斷資本為核心，所形成的部門之間不

平等的分工。也就是壓抑土著維生部門的發展，來使得外資（日資）所控制的商品部門得以榨取巨額的利潤。這個機制是以維持米作部門的低所得來運作的，因此，日本在台糖業壟斷資本可以榨取農民的勞動剩餘。這可以說是日本糖業資本與台灣農民之間的對立關係，而國家恰好提供了資本運作所需的權力操控。

殖民地的剝削機制在一次大戰後出現危機，由於日本本國糧食不足，須從殖民地進口，台灣的米作開始商品化，加上蓬萊米引進成功，米作為一種商品的性格越來越濃厚。地主階級的利益因為米作部門的商品化而更為增加，使得其自主性增加，相對於日本產業資本而言，較不受到國家的控制，加上殖民統治長期以來的民族對立，使得二十年代的國民主義運動首先是以地主階級的自治運動開始。殖民地的社會運動可以說是在殖民剝削機制的危機下興起的。

由於糖業資本運用國家權力來強制收購土地與控制市場，使得農民階級，不管是蔗農、米農，都遭受到殖民體制的剝削，二十年代的社會主義運動因而是以農民階級的運動開始，再擴展到工人運動。

殖民地的社會運動當然受到了日本政治體制與國際思潮的限制，日本當時正值大正民主時期，建立立憲民主，採行政黨政治，對於殖民地的統治方式不再是專制的軍事統治，所謂的「內地延長主義」，即是試圖對殖民地採行懷柔政策。至於國際思潮，則當時民族自決、民主主義、社會主義等都是世界性的思潮，在中國與日本也極為盛行，台灣的知識份子，尤其是留學生，經過了這些思潮的啟蒙，也別產生了他們對殖民地解放的判斷與策略，而殖民體制的危機又恰好提供他們組織動員的契機。

然而，隨著三十年代世界資本主義的危機，日本本國的經

濟也在半邊陲的地位下，無可避免落入危機中，官僚體系無法有效解決問題，軍人主政的法西斯統治便趁虛而入，日本也與其它殖民帝國一樣，藉由不斷的軍事擴張來解決資本主義的危機，終於引爆了第二次世界大戰。台灣作為日本的殖民地，在二十年代的殖民體制危機其實是日本本國快速工業化所造成，日台間的分工體系運作產生了問題，也為殖民地的反抗運動提供了一定的歷史條件。但隨著日本軍國主義的興起，大正民主期也宣告結束，社會主義受到壓制。日本開始進行軍事擴張，台灣也進入了戰爭動員時期，所有的社會運動幾乎都遭到取締或收編。殖民地的國民國家運動無可避免的，是立基於對殖民體制的批判與顛覆，然而殖民體系的變遷，是隨著殖民母國，更重要的是資本主義世界體系而調整，由於台灣一開始即被改造為日本的農產品加工基地，這種依賴發展的經濟體制，不僅為往後的經濟成長奠立發展模式的雛型，也為殖民地的國民國家運動建立了一定的經濟基礎。

註一、明治二十九年法律第六十三條內容如下：
　　　第一條、台灣總督得於其轄區內，頒布具有法律效力的命令。
　　　第二條、前條命令應由台灣總督府評議會議決，經拓殖務大臣呈請敕裁台灣總督府評議會之組織敕令定之。
　　　第三條、情況緊急時，台灣總督府得不經前提第一項之手續，立即頒布第一條所規定之命令。
　　　第四條、依前條頒佈之命令，於頒布後立即呈請敕裁，且向台灣總督府評議會報告之。不能獲得敕裁許可之時，總督應立即公布該命令此後無效。
　　　第五條、現行法律及將來頒布之法律，其全部或部分要施行於台灣者，以敕令定之。

第六條、此法律自施行日起滿三年即失效。

註二、就每一名警察所管理的人數而言，以 1992 年為例，台灣是 547，朝鮮 919，南樺太 572，內地 1228，關東周 797，北海道 1743。就面積比例而言，每一平方公里台灣有 3.1 名警察，而軍人專政的朝鮮卻只有 1.3 名。(黃昭堂，1989：230)

註三、所謂媽振館，是胚胎於母語 Merchant 的名稱，向為茶業者間主要的金融機構；按期業務情形，既非純粹的茶商，也非中間商；而是特定的茶商，在其他茶商與洋行之間，經營台灣茶的委託販賣，同時則以茶葉為抵押而從事資金的融通。

註四、台灣製糖、明治製糖、鹽水港製糖、東洋製糖與大日本製糖，所占蔗田面積、生產量、資本額都占所有製糖會社的百分之七十以上。(涂照彥，1992：292)

註五、如林本源製糖會社被鹽水港製糖會社收買，雖然林家仍是大股東，但卻沒有當上董事。(涂照彥，1992：310)

第三章　戰爭動員、資本集中與國民形塑

　　1930 年代，世界性的經濟大恐慌，各國紛紛採取關稅壁壘，加速了。1931 年，英國宣布放棄金本位制度，幾乎造成了世界金融體系的崩潰，這個世界性的經濟危機，對於日本國內政治也造成相當大的衝擊。1932 年 (昭和七年)，發生

　　＜五一五事件＞，首相犬養毅被暗殺，內閣被迫解散，右派的軍人勢力抬頭，政黨政治等於名存實亡。1936 年，陸軍皇道派軍官發動軍隊包圍首相官邸，多名內閣官員被刺身亡。兵變雖然被鎮壓，但政黨政治也宣告結束，日本進入軍國主義時期。

　　此時的日本，如同歐洲許多先進資本主義國家一樣，加速殖民地的擴張。對台灣的政策也隨之改變，日本海軍的南進論試圖將台灣改造成南進基地，作為侵略中國華南地區與南洋的前進基地。從 1930 年開始到二次大戰結束，台灣一直處於這樣的歷史脈絡中。昭和六年 (1931)，日本發動滿州事變 (九一八事變)，日本帝國在台灣的戰爭動員體系也逐步建立起來。除了推行「軍需工業化」之外，總督府開始運用行政權力介入民間的經濟活動，建立所謂的「統制經濟」。米糧的生產與流通全部被納入了總督府的管制，所有重要的產業、金融、商業等經濟部門也被納入總督府的統制中，「軍需工業化」是為了改造台灣既有的生產結構，使它符合戰爭經濟的需求，不僅能自給自足，還能作為後勤補給基地。「統制經濟」則是為了控制與動員台灣的人力和物資，以備戰爭之需求。這種資本體系完全被國家所控制的型態，太概只有在軍國主義時期的日本處於戰爭階段才能完成。

　　基於大東亞共榮圈的構想，台灣被納入了日本帝國向外擴

張的基礎。因此，日本對台灣的國民形塑便更為重要，除了經濟統制之外，日本在此時期積極推動皇民化運動，皇民化運動可以視為是日本帝國對台灣國民形塑的主幹，藉由皇民奉公會，帝國更試圖藉由皇民化運動對台灣的整合來加強其經濟上的統制。盧溝橋事件發生前一年赴任台灣總督的小林躋造，提出了「皇民化、工業化、南進基地化」，作為統治台灣的三原則，國民形塑的意義在戰爭統制經濟的脈絡中顯得異常清楚。殖民政權對於土著社會的國民形塑在殖民前期是為了日本本國資本的積累與工業化；在戰爭動員時期則是為了確保對殖民地經濟資源的控制與汲取。

第一節　戰爭動員與資本集中

　　日本在台灣建立的戰爭動員體系可以分成幾個層面：農業、產業、水力、金融、物資、勞力。這幾個層面實際上是相互扣合在一起，而整個戰爭動員體系最主要的功能是在維持軍需物資供應的穩定，包括：糧食、軍餉、衣物、化學製品。武器與鋼鐵製品、通訊設備等等，因而總督府必須建立相關的統制法令、機關、制度等，形成一個能有效動員的統制網絡。

（1）農業統制的目的主要是要控制糧食的供給與降低工業成本，但是在米穀統制的過程中，卻削弱了地主階級的力量，加強了國家對農民的控制。由於殖民社會中缺乏與國家可以相抗衡的階級力量，因此，國家對土著社會得控制也更加嚴密。另外一方面，由於農產品是工業原料及糧食作物，對於農產品價格的控制有助於降低工業成本。

　　總督府在進入戰爭動員體制之後就開始實行米穀統制，最後，建立了米專賣制度。由控制稻米的輸出一直到控制島內市場，由於米穀的價格受到抑制，地主的地租與地價也受到

抑制，從而整個地主階級的利益都受到控制。

農業統制的目的一方面是為了控制軍糧的供給，另外一方面則是為了軍需工業化。對於做為工業原料與糧食的農產品價格的控制，當然影響到地主與農民的收益，地主與農民在殖民地社會絕大多數是土著階級，而非在台日人。在所謂「內台一同」的口號下，日本帝國在台灣真正進行的還是經濟上的剝削。削弱了地主階級的力量之後，國家直接面對的是為數眾多但卻毫無組織與資本的小農階級，由於農產品的流通甚至於生產到最後都受到殖民政權的控制，以至於連農民自家消費的糧食都由其配給，再加上戰爭動員體制下，更加嚴密的警察與保甲制度，國家更加加強了對小農階級的控制與動員能力，不管是經濟層面還是政治軍事的動員皆如此。(林繼文，1991：137-145、涂照彥，1992：125-130、柯志明，1992：242-247)

(2) 產業統制，是在戰爭經濟的體制之下，一方面將既有的產業納入總督府的控制之下，尤其是製糖業；一方面動員民間資本的力量來發展軍需工業，這裡的民間資本是指日本國內與島內的日資。糖業壟斷資本因此受到國家的支配，朝向軍需工業所需的重化學工業發展。產業統制，因而形成了國家控制壟斷資本的機制，也使得台灣的產業由農產加工朝向重工業發展。

在糖業壟斷資本時期，總督府與日本糖業資本是一種相互依存的關係，總督府藉由糖業資本來榨取殖民地的農業剩餘，來幫助日本本國的工業化。糖業資本則藉由國家的權力來壓低蔗價，強制收購土地。日本官僚與財團本就有密不可分的關係，而此時期的殖民地政策恰恰好又符合彼此的利益，因此，國家與私人資本可以緊密的結合在一起。但是，到了戰

爭動員時期，雖然日本新興財團與軍方的關係也是相當密切。但是為了整個戰爭經濟的考慮，國家必須將整個資本力量的運作那入其控制之下，殖民地的經濟統制也不例外。

產業統制的結果，是資本的更加集中。由殖民政權直接介入資本合併的過程，到最後資本都集中在一些與軍方關係密切的新興財團手中，如日產、古河、日本曹達、日本窒素、安田、淺野等，或者傳統財閥，如三井、三菱等，以及國家資本的形成，如國策會社，及台灣拓殖會社。(林繼文，1991：109-136、涂照彥，1992：335-355) 此為第三次資本合併。土著資本的力量在這個過程中又再度被削弱，新興財團資本的擴張方式與原有糖業資本一樣，都是透過對土著資本的利用、吸收來完成。

(3) 金融統制是戰時經濟統制的基礎之一，對於農業部門，主要是透過農會信用組合、銀行等來吸收民間資金。對於農業部門，則是提供其生產所需資金。對國家而言，則是藉由資金的汲取來獲得軍費以及其他建設所需的經費。

金融統制在戰爭動員體制中，國家權力有效地運作下，譬如配合經濟警察的實施 (註一)，發揮了向殖民社會汲取資金的功能，透過各種信用組合與總督府的儲蓄運動，國家建立了對資金嚴密的汲取管道，有效動員了民間的資金，最後，甚至採取強迫儲蓄的方式，用國家權力來榨取民間的資金，支撐其戰時經濟。所謂的「國民儲蓄運動」，名為國民精神總動員之一環，實際上是一種資金汲取的運動，國民形塑與經濟統制之間的密切關係在戰爭動員體制下再一次顯現出來。由於產業所需的資金一部份需要靠銀行來提供，戰時經濟下，銀行與信用組合等金融機構都受到國家的管制，資金的流向當然也是，如此也增加了國家對產業部門的控制能

力。國民儲蓄組合主要動員的對象都是農民，農民的資金被
國家所吸收。由於金融統制，信用組合取代了傳統農村的高
利貸，以日本勸業銀行為代表的外來金融勢力，再加上總督
府對土地與地租的統制，更造成地主階級力量的消退。(林
繼文‧1991：141‧165-169)國家成為資本流通的唯一支配者，
國策會社是國家資本聚集的準國家機關，而各類組合則是國
家控制民間經濟活動的代理機關。這是戰時金融統制的最主
要意義。

除了農業、產業、金融統制之外，總督府還有其他統制措
施，這些統制措施最主要是為了戰爭時期人力與物力的動員，
要不然就是為了軍需工業化的目的。水利統制是藉由控制農業
生產所需的水源來統制農業部門。價格統制則是藉由控制物價
來抑制市場機能。

第二節　戰爭動員與國民形塑

1937年，日本正式動侵華戰爭，日本本國與殖民地都進入
戰時體制。盧溝橋事變發生後，日本本國值第一次近衛文磨內
閣，於九月發表了「國民總動員計畫實施綱要」，台灣也因此
加速推動皇民化運動。1938年，制定國家總動員法，進入戰爭
動員體制。1940年，近衛文磨成立了第二次內閣，同年十月組
織了大政翼贊會，其主旨乃是「互助相誠，徹底的自覺本乃是
皇國之臣民，凡是率先作國民的推進力，時常與政府建立表裡
一致的協力關係，並謀求上意下達，下情上通，努力於高度國
防國家體制的建立」，當初的計畫是要把大政翼贊會運動做為
全國一致的運動，可是由於殖民的狀況不同，遂於昭和十六年
(1941)四月，在朝鮮成立「國民總力聯盟」，南樺太成立「國
民奉公會」，關東州成立「興亞奉公聯盟」，台灣的「皇民奉

公會」就是其中的一環。(黃昭堂，1989：176)

　　進入戰爭時期之後，台灣對日本帝國而言，至少有幾樣重要性，第一、台灣是日本侵華的補給基地，負責提供軍需物資。第二、台灣是日本的南進基地，負責策畫與執行侵略南洋的經濟活動與調查工作。到戰爭後期，台灣甚至變成太平洋戰爭的前哨，徵召了台灣的人力、物力直接投入戰爭。就是因為台灣對於日本發動侵略戰爭有許多重要性，因此，日本帝國不僅在台灣進行經濟統制，推行軍需工業化。而且配合著經濟統制，實行政治動員，推行皇民化運動。皇民化運動因而是帶有濃厚經濟功能，由國家推動的政治運動，由於這個運動企圖將台灣社會整合到日本近代國家擴張的過程中，因此可稱之為一種國民形塑。

　　「皇民奉公會」涵蓋了總督府以下各級行政組織，總裁是由總督兼任，中央本部長由總務長官兼任。中央組織裡設有總務、宣傳、訓練、文化、生活、經濟等部門。地方組織方面於州、廳設支部，市、郡設支會，街、庄設分會，區、部落設區會及部落會，最基層則設有奉公班。各級組織的長官由各級行政首長兼任，換句話說，其組織型態乃是欲將行政組織與該組織混成一體。

(1) 經濟統制

　　在總督府進行經濟統制的過程中，「皇民奉公會」扮演一個輔助性的角色，和政府機關比較起來，皇民奉公會更加深入地介入民間的日常生活，配合經濟警察的實施，因此可以有效從事經濟統制與動員。如奉公會中央本部就設立了「國民動員部」，在其主要的任務中，即包含了推動作為國民運動之生產增強運動、各階層之勤勞奉公動員(勞務動員)、獎勵國民儲蓄(金融統制)、回收重要資源(物資統制)等和統制經濟有關之事

項。昭和十八年 (1943)，原來負責勞務動員的「勞務協會」改組成產業奉公會，變成皇民奉公會的附屬團體。此外，農、工、礦、水產等各種產業內部也都設有產業奉公班，負責該產業有關的動員業務，到昭和十九年時，這類團體已經有 602 個。在商業方面，也在昭和十八年成立商業奉公團，作為國家配給機關之一，到了昭和十九年，已經有 64 個支會，單位團體 500 個、團員 100194 人。(林繼文，1991：157-160)

透過經濟統制中，農業部門的米穀統制、佃租統治、農地價格統制等，殖民政權充分地控制了地主階級利益的來源，大大地削弱了他們對農民剝削的能力與實質利益，加上地主階級投資到產業部門的資本也都受到壟斷資本的支配，地主階級的勢力被削弱，而且納入了政權的控制，最後，紛紛被總督府收編，最主要便是皇民奉公會、各類組合和地方自治選舉。(林繼文，1991：69-74，148-151) 在各種組合運動下，農民也被納入組織的網絡中，例如農村信用組合，到昭和十九年 (1944) 時，已將所有農戶納入組合。

(2) 文化控制

作為經濟統制與政治動員的皇民化運動當然有其意識形態的面向。語言的形塑仍持續在進行，學校與官廳禁止使用台灣話，昭和十二年 (1937) 廢止了報紙的漢文欄。並且嚴格執行「國語常用家庭」運動，語言改造是國民形塑的一環。除了語言之外，宗教統制更是在根本的信仰體系上要台灣日本化。

日本殖民政權對於台灣的宗教政策可以分為三個時期，即偽裝信仰自由、籠絡台灣宗教信仰與逐漸消滅等三個時期。日據前期，主要是為了安撫台灣人，因此在形式上維持信仰的自由，並且積極運用台灣的民間宗教，作為協助其進行殖民統治的工具。日據末期，則開始發展國家神道，在戰爭動員體制下，

配合皇民奉公運動，積極運用宗教來進行國民的形塑。(林玲蓉，1992：84-99)(註二)

國家神道是明治維新之後發展出來的，結合了國家與宗教，以天皇崇拜為中心，將國家主義宗教化，軍國主義興起後，國家神道更為法西斯統治提供宗教基礎。日本據台前期，首先建立了開山神社，祭祀鄭成功，表彰愛國精神，攏絡人心。兒玉總督建立台灣神社，作為殖民統治的象徵，奠立國家神道在台灣發展的根基。大正十二年 (1923)，又建台南神社，將神道統制擴展到台灣南部。

國家神道與皇民化運動的結合，是在進入戰時體制之後。主要是由小林躋造與長谷川清兩任總督推行，前者因應中日戰爭的爆發，北守南進政策的轉換、以及南進政策基地地位的提升等，採取嚴格而且激烈的手段，諸如強制神宮大麻的奉祀、家庭正廳的改善、寺廟整理運動的推行等等。後者則隨著中國大陸戰場的擴大與國民總動員體制的確立，改以略為緩和的精神教化為主，例如強制前往神社參拜、宮城遙拜以及皇國臣民的精神教化等，其政策的推展中心，則為皇民奉公會。同時更採取一街庄一神社的方式將神社擴展至台灣各地，根據昭和十七年 (1942) 年底的調查，共有神社六十八所，社一百一十六所，攝末社十二所。至於前往祭拜的台灣人人數在 1934 年，以台灣神社為例，在皇民化運動之前即有 132894 人次。(計算自陳玲蓉，1992：163，台灣神社參詣入年別表)

建功神社與護國神社的建立，尤其是戰時體制對意識形態鞏固的代表，兩神社都是祭拜陣亡將士，藉由犧牲的神聖化，目的在強化愛國思想，形塑以天皇為中心，對日本帝國的認同與效忠，最後當然是將這種信仰的統制效果轉化到戰爭動員。(林玲蓉，1992：229-286)

(3) 政治控制

　　進入戰爭動員時期之後，台灣反殖民的政治社會運動已日趨衰微。昭和六年 (1931)，民眾黨、文化協會、台共相繼被取締之後，只剩下地方自治聯盟。日本帝國在此時又因為軍事擴張的需要，必須統合殖民地台灣，使之日本化，因此開始推行所謂的「內台一同」政策。在政治控制方面，最主要的便是網羅台灣人精英進入日本殖民政權，包括地方自治選舉、官僚體系、皇民奉公會及各類組合中。

　　昭和十年 (1935) 四月一日，台灣總督府公布＜台灣地方自治制度改正案＞，決定將市會、街庄協議會的議員半數開放民選。乍看起來，這是政治制度民主化的開始，實際上卻是戰爭動員體制下的政治控制。雖然地方自治聯盟對於這個制度有一些批評，認為他沒有符合聯盟完全開放的要求。(註三) 但最後還是妥協，地方自治聯盟非但沒有採取抗爭的行動或是解散，甚至還參與了年底的選舉。從十月二十七日到十一月十六日，聯盟在全島各地進行密集的巡迴演講，除了宣導地方自治和選舉制度，並為所推薦之候選人助選。雖然聯盟強調在選舉中可以啟蒙民眾，但是在戰爭動員體制下，面對國家強勢的皇民化運動，以及地方自治聯盟一貫的階級立場與意識形態，是屬於殖民地地主階級的自治運動，在戰爭的專制體制下，自治運動除了參與選舉，為殖民政權的合法性提供佐證之外，所謂的啟蒙已失去改造殖民體制的意義，只淪為爭取選票的藉口。(註四)

　　選舉結果，地方自治聯盟有多位候選人當選，土著社會的菁英份子終於尋求到政治參與的管道，但是，各級協議會仍沒有完全開放，有半數是由官方提名，選舉權仍有財產的限制。以實現立憲政治為目標的地方自治聯盟，在大正民主憲政時期結束，已步入軍國主義的日本帝國法西斯統治下，其民主運動

的發展早已有了歷史脈絡的限制。地方自治選舉的意義，第一、
在形式上，此次的改革是對地方自治聯盟的要求有所回應。但
就實際內容而言，殖民政權仍掌握了主要的權力，行政機關對
各級議會仍有否決權。第二、地方自治選舉可以說是有權者與
有財者的選舉，一方面它使得土著社會存在的社會菁英，主要
為地主階級與知識份子，在政治體制中找到政治參與的管道。
一方面運用財產的限制，它又使得農民工人等低收入戶者被排
除在政治參與之外。(林繼文，1991：69-74)

　　地主階級資本的從屬化，使得他們在二十年代因米作部門
商品化，透過土地資本所具備的自主性喪失，二十年代許多政
治社會運動的精英，在此時也從屬於殖民政權。除了參與地方
自治選舉之外，還有戰時統制經濟的執行機構，如信用組合的
理監事，以及擔任政府指定的職位，主要為各級官派議員與皇
民化組織幹部。透過將土著社會的精英納入動員網絡中，這是
戰時統制經濟能順利運作的社會基礎。(林繼文，1991：55-68)

　　昭和二十年 (1945)，也是二次大戰的最後一年。日本帝
國開始在台灣實施眾議院議員的選舉，修正了貴族院令，依據
貴族院令在台灣敕選了三名貴族院議員，同時，台灣人也開始
被派到南洋擔任行政官員，與日本人同等待遇。昭和十七年
(1942)，日本在台灣正式實施志願兵制度，昭和二十年 (1945)，
台灣開始實行徵兵制，台灣愈來愈被一視同仁，但不久，日本
戰敗，台灣被國民政府所接收，日本帝國在殖民地台灣長達
五十一年的統治宣告結束，其在台灣社會進行的國家建構也隨
之停止。但台灣卻馬上又被納入中國內戰的紛爭中，剛脫離日
本近代國家建構過程的台灣，以其殖民地的從屬性格，又被中
國大陸的政權納入另一個國民國家的建構中。

　　日本在戰爭動員時期，之所以要將台灣納入其國家的建構

中，主要是為了軍事擴張，因此，國家的建構當然也隨著戰敗
而結束。但是殖民政權在土著社會所進行的社會形構，卻已改
變了其生產體系、政治制度與社會階級關係，為戰後台灣的發
展設定基礎。

第三節　資本集中與國民形塑

　　日據前期，殖民政權建立了以糖業壟斷資本為核心的經濟
體制，政權由於掌握了糖業壟斷資本積累的模式，如：限制原
料採集、農業貸款、米糖比價、強制收購土地等，糖業壟斷資
本才能運用國家權力，在部門不平等分工下，剝削殖民地的農
業剩餘。而這個剝削機制，從日台間分工體系來看，是為了遂
行「工業日本，農業台灣」的政策，以剝削殖民地農業部門的
剩餘來進行資本積累，以便有足夠的資本讓日本本國工業化，
發展資本主義。

　　隨著戰爭動員時期的建立，殖民政權一方面透過國策會社
形成國家壟斷資本，一方面運用產業組合與產業統制將私人資
本納入國家的支配下，國家因此控制了殖民地資本主義生產體
系。運用它來從事軍需物資的生產，進行軍需工業化。並且透
過各種統制措施汲取殖民地的資源，以供應戰爭經濟所需。以
皇民化運動為核心的國民形塑，基本上是為了配合國家在殖民
地所進行的戰爭動員。

　　殖民政權之所以能在台灣進行國民形塑，一方面是它取代
了壟斷資本的地位，土著資本不管是產業資本或是土地資本，
均加速了從屬化，其從屬化的對象不再是壟斷資本而是國家。
由於地主階級的利益不斷被削弱，而國家又運用政治網羅的方
式，諸如地方自治選舉、各級皇民奉公會、評議會、組合加以
收編，地主階級不但不再是反抗殖民政權的力量，反而變成是

殖民政權合法性的佐證者，以及政權進行戰爭動員的社會網絡。加上台共、文化協會、民眾黨等組織均被取締，社會主義運動已缺乏可資動員的網絡與組織。殖民政權對土著社會的控制可以說達到了極致，國民形塑也就在這樣的基礎下進行。

土著社會內部的兩大階級，地主階級與農民階級都被戰爭動員體制所吸納，地主階級被殖民政權各級組織所收編，農民階級也被納入信用組合、產業組合的控制，戰爭時期對殖民地的勞力統制和勞務動員，控制了勞工的工資與流動，到戰爭末期、勞力的徵用已擴及到農民、學生、婦女等，再加上軍力動員，包括：軍人、軍屬，以及用各種名義諸如勤勞奉仕、工業戰士、勤勞動員等徵用的戰爭勞務，整個殖民地的人力幾乎都被納入其組織網絡並且徵用動員。不管是哪一種類型的動員，在動員的過程中，都有國民形塑的機制存在，諸如皇民鍊成所，對於徵兵或者勞務動員施以國民精神養成教育，對於違反統制經濟法令者以國民的名義來治罪。

國民形塑過程中的階級關係，不再是日據前期農民與壟斷資本的對立關係，國家統合了一切，包括壟斷資本在內，所有的階級都受到國家直接的支配，國家管制糖業資本的生產投資，管制地租、地價，將米穀的生產、流通、分配一手包辦，控制勞動資本 (即工資)，控制市場價格，實施價格統制。但是階級之間仍因其所擁有之資本的不同，而形成支配關係，土著產業資本仍從屬於日本壟斷資本。而大部分由地主階級所經營的土礱間與農村高利貸資本，雖然被信用組合所取代，但地主階級仍可分享信用組合的利益，雖然各級農業組合仍是國家在控制，但地主階級因此握有一部份的金融力量。(李登輝，1971：121、林繼文，1991：142)

軍需工業化造就了許多技術工人，但是，日本帝國的目的

是在培養一批產業戰士，透過各種勞力統制的法令，國家控制
了工資與工人的流動，並且運用皇民教育，形塑其國民意識。
軍需工業化雖然將台灣由農業加工基地改造成軍需物資生產的
後勤基地，但卻也形成了台灣對日本本國資本與技術的依賴，
這個分工體系的行程，在戰後並沒有因為政權的更替而改變。
世界分工體系超越了國家的界限依然存在。綜觀這個時期國家
對殖民地社會所進行的國民形塑與國家建構，完全是由國家所
主導，在製造戰爭的過程中，在台灣建立了一個由國家全面支
配，由上往下的戰爭動員體制，藉由戰爭的名義，全面汲取殖
民地社會的資源，動員其人力投入生產、勞務、戰爭中，而國
民的形塑完全是配合著戰爭動員體制的建立在進行，最主要的
目的也是要確保殖民地戰爭動員的運作，非常符合 CharlesTilly
對國民國家建構過程的分析。

註一、總督府於昭和十三年 (1938) 九月，在警務局警務課之下設立了
　　　經濟保安掛，分派 225 名新巡查各州廳，負責統制經濟任務的
　　　推行。昭和十五年 (1940) 又在警務局之下設立經濟警察課，統
　　　合管理各州廳的經濟警察。此外，進入太平洋戰爭後，總督府
　　　更設立了 < 名譽警察制度 > 與 < 義勇警察隊 > 等制度，積極動
　　　員民間人員協助經濟警察業務的推行。(林繼文，1991：160)
註二、昭和十二年 (1937) 九月，日本為了因應戰爭的長期化，加強實
　　　施國家總動員體制，因此，又推行國民精神總動員運動，宣傳
　　　「八紘一宇」、「舉國一致」的精神。翌年三月，又通過國家
　　　總動員法，竭盡一切能力協助戰爭的推行。而此時台灣正好成
　　　為日本的南進基地，軍事地位日趨重要，為了使台灣加速日本
　　　化，脫離與中國大陸的關聯，因此，積極推行皇民化運動，而
　　　國家神道則是其宗教統制的核心。

註三、昭和六年(1931)，台灣地方自治聯盟召開評議會時，當時任常務理事的楊肇嘉曾經提議，為了因應總督府所提出的地方自治改革措施，其內容與聯盟的主張相去甚遠，萬一不能符合聯盟的要求時，應該採取幾項措施，讓當局有所反省。一、聯盟員應拒絕接受一切公職。二、厲行禁酒禁菸，組織公賣品不買同盟。三、拒絕一切不依據法律之公共負擔。提請大會決議，但被擱置。昭和九年(1934)，楊肇嘉等人拜訪總督中川健藏，提出三點要求：一、普及選舉權(降低納稅額)。二、議員全部民選。三、以擴張監督權為條件，改街庄協議會為議決機關。(葉榮鐘，1971：465-485)

註四、自治聯盟中的楊肇嘉、陳炘、洪元煌、張煥珪、張聘三等人，在昭和八年(1933)成立東亞共榮協會，計畫在台灣推行「內台融合」，以作為大亞細亞運動在台灣發展的基礎。(台灣總督府，1989：57-63) 昭和十年(1935)，自治聯盟第三次全島大會宣言提到，本聯盟際茲帝國之國際的非常時，鑑於吾人責務之愈加重大，為國利民福之伸張，應予更加鞏固團結，切實指導訓練民眾，以期新制度能與公正運用，同時為確立完全之地方自治制而邁進。(葉榮鐘，1971：488)

第四章　資本體制形構與國家建構

　　第二次世界大戰結束，國民政府接收了台灣。台灣被納入中華民國主權的控制下，經過八年的對日戰爭，中國人的國民意識變得較為鞏固。而台灣則在混亂的局勢中，很快的由一個政權移交至另一個政權。就如同柯喬治所說，台灣在當時混亂的世界秩序亟待重建時，由於島嶼的邊陲性，人民的主權被忽略，只有任由國際強權將台灣像財產一樣移轉，而經由美國肯認，在開羅宣言規定台灣將歸屬於中國的前提下，國民政府接收了台灣。(柯喬治，1992：70)

　　蔣介石命令陳儀為行政長官。陳儀所謂的國家社會主義，其實是藉由政府權力掠奪島上的物資、財富，來滿足其私人與少數官僚的利益。陳儀以及行政長官公署在台灣的統治，不是在於台灣戰後社會經濟的重建，而是掠奪，甚至是破壞。

　　(柯喬治，1992：139-142) 戰後，台灣的經濟也被納入中國的經濟範圍中，國家的統合當然必須包括國

　　民經濟的統合，國民經濟的統合首先是幣制的統一，但是，當時大陸戰後經濟一片混亂，，物價飆漲。國民政府有鑑於台灣本身經濟體系的穩定，一直沒有讓幣制統一，(註一) 但在市場逐漸統合於同一國家之下時，大陸的經濟蕭條。等問題，已無可避免經由兩岸的貿易而介入了台灣。1945 年十月，台幣與法幣的公定匯率是 1：30，到 1948 年八月十八日，兩者的匯率暴漲為 1：1635。(表一) 中國內部的就以外匯的形式影響到台灣。1949 年五月，台灣的非常劇烈，物價比上個月暴漲 122.2%，成為台灣史上最大幅度的上升紀錄，如果持續下去，台幣勢必要崩潰，為了克服這個通貨危機，六月十五日，終於實施了台幣改革，同時停止與金圓券的匯兌關係，新台幣的改革象徵著台

灣經濟又從中國本土的經濟圈脫離。(劉進慶，1992：43-51)

1947 年，發生了二二八事件，由中國大陸的所造成對台灣經濟的影響，是很重要的社會因素，行政長官公署所代表的中國官僚體系不僅無力去解決，而且因為戰時財政的需要，浮濫地發行貨幣，加速的惡化。(李怡庭，1989:57-64)在中國內戰中，台灣的物資便被接收的政權榨取供應其戰爭的需要。中國官僚不僅沒有利用日本所遺留下來的物資、設備等財產來進行戰後經濟的重建，而是掠奪性地將所接受的財產中飽私囊或消耗到內戰中。(李筱峰，1986：182-186)

官僚體系的無能加上貪汙、腐化，造成了人民的不滿，而所謂的專賣制度，只是這種官僚掠奪民間資源，與民爭利的機制罷了，這是為什麼一個香菸私販事件會導致全島性自治運動的社會經濟基礎。(李筱峰，1986：186-191) 二二八事件中，由台灣人所組成的「二二八事件處理委員會」所主導的自治運動，基本上，是日據時期自治主義的延伸。但是，由於國民政府採取了軍事血腥鎮壓，使得自治運動轉向而成為獨立運動。雖然二二八事件中也有外省人被殺，但是台灣與中國大陸長期以來的分離狀態，以及行政長官公署與鎮暴部隊所代表的是中國政權，都造成了族群的對立，這個對立當然也是經過日本近代化洗禮的台灣人，與仍是軍閥支配的官僚體系之間的對立。失去自己的主權而被國際強權所移轉的台灣，終於因為接收過程中不同政權近代化過程的差異，而遭受到這種專制腐敗的統治，以及其後血腥的軍事鎮壓。

隨著中國內戰的展開，台灣被納入國民黨政權所代表的中華民國這個陣營，中國內戰，是以農民革命為基礎的共產黨和以地主階級與資產階級為基礎的國民黨之間的鬥爭，兩者的鬥爭將決定著中國國家建構未來的路向，也決定著中國人將被

近代的國家形塑成怎樣的國民。結果，國民黨失敗了，台灣在納入中國短暫的四年統治之後，又脫離了中國近代國民國家的建構過程中，由受美國所支持的流亡政權所統治。自此之後，中國國民的形塑是由中國共產黨在進行，如：三面紅旗、文化大革命。而國民黨政權則已脫離了這個國民形塑的過程。但是由於中國內戰尚未結束，因此，台灣遂因國民政府的流亡被納入中國內戰化的狀態，除了古寧頭之役、八二三炮戰之外，雖然至今沒有發生過重大戰役，但是，台灣卻因內戰化的狀態，而進入戰爭體制。

內戰失敗撤退到台灣的國民黨政權，本來在美國發表台灣白皮書時，命運一度岌岌可危，但隨著韓戰的爆發，中國援助朝鮮，美國宣布台海中立化，下令第七艦隊巡防台灣海峽，冷戰體系開始建立，台灣無可避免的被納入了以美國為首，所謂自由民主陣營，而由其所支持的中國流亡政權國民黨所統治，國民黨政權在冷戰體系下，由於美國在軍事上的協助，才能免於中國的軍事威脅，又在美國支持下，保有聯合國的席次，在形式上擁有中國的主權，對台灣島內宣稱其正統性與合法性，接著在美國軍事經濟的援助下，開始重整發展台灣的經濟，由於日本在台灣建立的經濟基礎，使得台灣社會能被迅速重建，也確保了國民黨在台灣的統治；甚至在四十幾年後，還被西方世界稱為台灣奇蹟。

台灣的經濟發展除了依靠美援，官僚體系的運作，農工部門間資本的流通，對農民工人勞動價值的剝削等諸多因素之外，從歷史發展的脈絡來看，日據末期戰爭動員體制下，所建立的國家壟斷資本，被國民黨政權接收後所建立的國家壟斷資本體制，是政權控制土著社會與支配生產流通的物質基礎，在國家壟斷資本發展的過程中，由於民間私人資本的興起，兩者間逐

漸結合，到最後私人資本脫離了國家的控制，進而分化了國家資本壟斷的型態，政權的轉化與國家的轉型，都與資本發展的型態有密切的關係。

但是就國際分工體系來看，台灣仍處在一種依賴發展的型態，就世界體系來看，也就是處於一種半邊陲的地位，作為一個國際加工基地，台灣仍然深深依賴著日本與美國的技術，在外國資本方面，台灣雖然不像拉丁美洲一樣，經濟發展受到跨國公司的操縱，但是，美國與日本的資本人試圖輸入到台灣。台灣的國家建構無可避免的受到新的國際經濟體系的影響。

步入後冷戰時代，冷戰體系瓦解，所謂自由與共產兩大陣營的消失、東歐的變革、蘇聯的解體，進而因為冷戰而分裂的國家紛紛採取統一的步驟，柏林圍牆倒塌、東西德統一，南北韓也同時加入聯合國，積極討論統一的事務。在台灣的國民黨政權，在這樣的潮流下，似乎無可避免也要開始計畫如何統一，但是台灣社會與中國長期以來分裂的事實，以及海峽兩岸社會結構的差異性，都是統一過程的難題。最重要的是，台灣的主權是在未經住民同意的情況下，便由美國交給國民黨，作為一個流亡政權的國民黨，四十幾年後在台灣已逐漸本土化，從2000年開始，台灣經歷了兩次政黨輪替，完成了民主轉型，建立一個民主政體。面對中華人民共和國兩岸統一的訴求，台灣無法逃避過去中國內戰遺留下來的國家統合問題，但是，兩岸的統一仍然必須尊重台灣人民的意願。

北京政權必須正視一個歷史事實，兩岸分立分治並非從1945年開始，而是從1895年開始，已經歷了一百二十餘年，這個歷史過程中，台灣曾被日本近代國家建構所整合，也曾被國民黨政權的中華民國之國家建構所統治。兩岸經歷了不同的國家建構也建立了不同的國民型塑。

　　台灣的國民形塑在日據時代，就國家的面相而言是日本化，國家的建構便是將台灣納入日本近代國家建構的過程中。戰後，維持中國正統的國民黨政權對台灣統治不過短短四年，便因內戰失敗而流亡至台灣，台灣又脫離了共產黨所主導的中國國民國家的建構，中華民國在台灣，是隨著國民黨政權的轉化，以及台灣社會的形構，國家建構也隨之展開。經歷了民主轉型的中華民國在台灣，這個國家已經不屬於國民黨，主權在民的理念已經逐漸內化成為普遍的國民意識，主權是屬於台灣所有的住民所有，因而，兩岸統一所牽涉的國民國家建構，必須從其社會基礎來思考，而非單純只是政治體制的合併，由於台灣的民主體制與目前共產黨一黨專政的政治體制存在極大的差異，北京政權也嘗試提出一國兩制的模式來做為解決方案。

第一節　戰爭經濟與國家資本體制

1. 戰爭經濟與資源掠奪

　　與日本一樣，二次大戰期間，國民黨政權在大陸也逐漸建立了國家資本支配體制，這個支配體制主要是為了戰爭的需要，因而國家支配資本的型態也是在戰爭動員下進行。國民政府接收台灣後，也將所接收的日本殖民政權的壟斷資本重組成國家資本體制。當時，由於戰爭動員的需要，將壟斷資本全面國有化而形成的國家壟斷資本體制，在 1947 年，占了工礦業生產總值的 70%。國民政府建立了國家壟斷資本的首要任務，不是為了經濟重建及資本積累，而是為了政權的生存，就國民黨政權而言，在中國內戰的狀態下，政權本身的維繫是重於經濟重建等問題。

　　因而，國家資本體制的功能也在於幫政權籌措鉅額的軍費，以及動員各種軍需物資。在國營與國省合營的企業中所累積的

社會經濟剩餘，大部分被國民政府中央所吸收而在內戰中消耗殆盡，戰後形成的國家資本體制首先是將台灣的經濟剩餘投入到中國的內戰。內戰時期國家財政，最重要是軍事資金的調度，台灣的公營銀行與公營企業在戰後經濟重建的階段，因而不是為了資本本身的積累，而是在國家財政的考慮下，透過貨幣的發行、市場的壟斷，汲取民間社會的資源，卻也加速了惡性。在物價體系上，國民政府一方面抑制民間米價，一方面卻又讓公營企業引導物價的上漲，這個汲取民間資源的機制，就是為了暫時國家財政。投入中國內戰的經濟剩餘，無法在台灣社會進行資本的再生產，只有不斷消耗在戰爭中，這是惡性的不斷擴張的主因之一。而官僚階級本身的貪汙、腐敗，更是造成經濟剩餘無法投入生產，進行經濟重建的關鍵。(劉進慶，1992：30-39)

在這個過程中首先受害的是農民與工人，米價的控制，使農民的收入減少，也降低了工人的工資，然而物價的暴漲，卻又增加了他們的生活支出，農民與工人因此更加的貧困化。為了戰時軍糧供應的穩定，國民政府又採取米穀徵收。強制收購等糧食統制措施，隨著田賦徵實、隨賦徵購、肥料換穀等統制方式，農民更加貧困。而台灣的地主階級，在日據末期已被削弱的前提下，再加上國民政府的糧食統治政策，力量更為薄弱。針對地主階級的大中戶餘糧收購辦法，剛好是在二二八事件後，1947年七月推出的，對於這個打擊，地主階級曾經透過提高地租額，將其轉嫁給農民，但隨著1949年農地改革(即所謂土地改革)的實施，地主階級的勢力隨著土地資本的減少也全面的被壓制。在同一時期，中國大陸的商業資本為了逃避戰亂，紛紛將資金移入台灣，這些大陸資本(註二)在戰後初期，與國家資本共同壟斷了台灣的經濟體制。

2. 經濟重建與國家資本體制

一方面面對經濟重建的問題，另外一方面又以調度鉅額的經費為財政的最重要任務，這便是戰後國家資本體制所面臨的難題。直到美援恢復之後，軍費的支出才減少，例外美援所提供的經濟援助，加上政權對於土著社會農業與工業部門勞動剩餘的榨取，使得經濟重建成為可能，國民黨政權才能在國家資本體制下，進行資本積累 (capitalaccumulation) 與擴大再生產 (expandedreproduction)。戰爭經濟迫使國民黨政權建構了國家資本體制，當內戰的狀態又被納入國際冷戰體系時，國家資本體制則成為經濟重建最重要的基礎。

將生產、流通、金融等所有基礎部門都國有化是此一時期台灣經濟重整的特質，這意味著當時經濟重建的主軸是公營企業的重建，而公營企業重建所需要的資金，唯有依賴公營銀行來支援。以公營企業為主幹的國家資本體制支配著台灣經濟的生產、流通、金融三大部門的管制高地，佔全體資本一半以上，尤其是金融機構公營化，建構了以獨占的金融體制為基礎的國家資本體制。(劉進慶，1992：113-115) 就公營企業的種類來看，從製糖、石油、化學肥料和電力等基礎工業到土地、觀光、出版印刷等都有，顯現公營企業不一定是獨佔性的產業，這是因為日據末期戰爭動員體制早已將所有生產、流通與金融部門納入國家的管制下。這個自主性相當高的資本體制，從基礎產業到民生工業一應俱全的體制，主要是日本企圖讓台灣變成一個獨立的經濟體，在戰爭末期時，能夠自我防衛的基地。

以部門來看國家資本體制下，公營企業的壟斷性，第一、在生產部門中，除了製糖、石油、肥料、電力四大企業之外，還包含鋼鐵、機械、造船、礦山、金屬、化學及紡織、製酒、木材、土木建設等，以及公賣事業，如製鹽、菸、酒等，幾乎

所有的基礎產業包括民生工業都是公營企業。

第二、在流通部門，公營企業也具有支配性的地位。如中央信託局支配著對外貿易，物資局支配著國內農產品的流通，糧食局控制了糧食的流通，而在交通運輸方面，鐵路以及主要的路海運都是公營，所有的通信事業也都是公營。

第三、在金融部門，除了信用合作社之外，所有重要的金融機構都是公營，因此，以直屬總統府的中央銀行為頂點，還包括中國、交通、中央信託局等銀行，這個國家獨佔的金融體制是戰後經濟重建的重要關鍵。

以規模來看，一般而言公營企業的規模都比民營企業大，這可根據企業數目與資本額、員工人數的比較得知 (劉進慶，1992：112) 從 1954 年到 1966 年，公營企業的資本額占全部資本的比例，從 50.3% 增加到 58.7%，平均都佔了五六成。1953 年，農地改革將四大公營企業股份出讓給民間後，民間才開始出現大企業，否則，所有的大企業都是公營企業。以生產額或國民生產總值來看，公營企業都佔有相當大的部分，從 1952 年的 57.3% 到 1965 年為 37.9%，平均都佔有四至五成；1960 年代，由於出口導向經濟的發展與私人資本的興起，國家資本在製造業的比重才逐漸下降。

國家資本積累的目的是為了增加國庫的收入，也就是增加國家所能控制的資源，所以，公營企業的利潤為國家財政所吸收，而不是藉由資本積累來擴大再生產，而其再生產所需的資本則依靠美援及公營銀行的融資。公營企業中獲利能力比較強的有四大企業，即台糖、中油、台肥、台電，還有四大銀行，中央、中國、交通及中央信託局，再加上郵政與電信，都是屬於獨佔性的事業。在生產部門方面，台糖與台肥都與國家資本體制對農業生產部門汲取資源有密切的關係，顯示農業部門對

於國家資本形成的貢獻。

第二節　農地改革與土地資本的轉型

1949 年，國民黨政權因內戰失敗流亡至臺灣，做為一個流亡政權，它與台灣的地主階級並沒有利益上的結合，也就是說它的統治基礎不是建立在土著社會地主階級的土地資本之上，而是戰後接收所形成的國家壟斷資本體制。由於與共產黨的內戰經驗，使它警惕到農村的改革與控制，是它鞏固政權的條件之一，因此，適度的農地改革有助於安撫農民及削弱地主的勢力。國民黨政權因此在一九四九年至五三年之間進行了一連串農地改革的政策。主要分成三七五減租、公地放領、耕者有其田三個階段。

農地改革解消了傳統的地主佃農制，將日據時期以來由小租戶所演變成的地主階級徹底的削弱。但是農地改革並不意味著土地資本的解體與農民的解放，一方面，藉由農地改革，國家資本體制更加鞏固，一方面則是地主階級的土地資本轉化為產業資本，惟後來私人資本的興起奠下基礎。因此，就台灣社會的形構而言，是封建的土地所有權關係轉化為國家資本體制對小農階級的剝削關係。（註三）

農地改革的政策，包括三七五減租、公地放領、耕者有其田，的確創造了很多的自耕農，使農民脫離土地租佃關係，擁有自己的土地。但是公地放領的過程中，公有農地大部分仍為國家所有，尤其是以臺糖為中心的公營企業，國民黨從日本接收的農地佔台灣戰後總耕地 21% 強。但實際上放領的公有農地僅佔全體公有農地的 28% 而已。

耕者有其田實施的過程中，國民黨政權從地主徵收農地，再售予農民。對地主的地價補償是七成以實物債券，三成以公

營四大公司股票 (水泥、紙業、工礦、農林)。對農民的地價徵收，則以十年的年賦，以現物 (稻穀、甘藷) 償還。農民因此被束縛於土地上，而且不得自由讓渡與買賣這些土地。這些農地改革後的農民，有 90.5% 以上都是耕地在二公頃以下的無耕地農、佃農和小農，統稱為小農階級。土地零散化的型態很明顯，二公頃以下的小農的耕地佔所有耕地的 64.7%。

國民黨政權透過農地改革所形塑的小農階級有助於國家資本體制對農民勞動剩餘的剝削。這個剝削機制可分為米糖兩個層面，主要由台灣省糧食局及台灣糖業公司兩家公營企業負責執行，米穀徵收主要是透過田賦徵實、強制收購、肥料換穀等方式，而糖業剝削體制則採用原料採取區域制、分糖制與農業貸款等方式。

整個 1950 年代，政府緊扣住農民的消費，並將農村剩餘轉到城市和工業部門中，鄉村每人的消費還是停留在 1930 年代的水準，農村的實質工資還下降了。與 1930 年代比較，農業資本的淨流出在 1950 年代上升了百分之三十三。(李登輝，1972：10-13) 農業資本的外流並透過市場而是國家資本體制的運作，將高度資本化的都市工業與受政府控制的鄉村農業結合所建立的農業部門與工業部門的分工體制，順利的將農業剩餘轉移到以國家資本為主的工業部門。(柯志明，1988：19-25) 從 1951 到 1960 年間，台灣農業部門資本外流的總數高達二百八十九億二千九百萬新台幣，其中政府的移轉支出就佔了大部分。(註四) 這筆外流的資本佔台灣當時國內毛投資的百分之三十四，而佔國民生產毛額百分之七十的農業部門對資本的行程卻不到百分之三十，美援也不過佔資本形成的百分之三十 (柯志明，1988：30)，可見國家資本體制對農業部門的榨取，對於資本積累的重要性。而這個體制的鞏固至少有一部份是建

立在農地改革之上，由農地改革所導致租佃關係的解體，小農階級的興起等農村社會關係的重建是國家進行資本積累的社會基礎。

第三節　私人資本發展的型態

這個時期的私人資本可分大陸資本、本地資本與外國資本。大陸資本主要是指在上海由國民黨官僚所控制的紡織資本，隨國民政府移入台灣後便以私人資本的形態出現，因而對政權有依附的關係，受到國家的保護最多。本地資本主要是在農地改革過程中，由土著地主階級的土地資本轉化，透過掌握四大公司的股份而形成，進口替代尤其提供他們發展的契機。外國資本的輸入雖然是在 1960 年代出口導向時期由政府引進，但是，從美國恢復對國民政府的援助開始，美援就為美國私人資本的輸入奠下基礎，日資則以台灣在日據時期所形成的依賴關係而發展。

(1) 大陸資本的移入

由大陸輸入的紡織資本在 1950-1953 年經濟重建階段，相對於龐大的國家資本，是最主要的私人資本。相對於其他部門由公營企業獨佔而言，紡織部門民營佔約三分之二。若僅就民營部門整體來看，紡織佔民營部門的比重在 1951 年為 34.6%，1953 年曾為 43.4%。私人紡織資本可說是私人資本的主軸，但是延續著上海國民黨官僚紡織資本的台灣私人紡織資本，在民營的形式下卻仍存在著公營的性質。以中紡、雍興、台北三家公司為例，其出資來源分別為中央信託局、中國銀行及交通銀行。而這些金融機關，都是構成國家壟斷資本的金融部門，因而這三家公司其實是公營企業，其他如華南、台元、六和、彰化及遠東等紡織資本，都是與國民政府關係密切的大陸系政商。

依靠著進口替代時期政府的保護政策，快速的累積資本。(劉進慶，1992：208-211)

1949 年，為了大陸紡織資本移入台灣而制定的台灣省獎勵發展紡織業辦法是保護紡織業的法律依據。1950 年設立的台灣區生產世界管理委員會紡織小組是負責推動的機構。綜觀國府對紡織資本的經濟統制有貿易管制、保護關稅、企業設立限制、生產獎勵、金融援助，產業扶植等措施。對於紡織資本除了優先提供外匯之外，在複式匯率制度下，與公營企業一樣同享低匯率。由於紡織的原料棉花是依靠美援，而原棉又控制在中央信託局手中，因此發展出所謂代紡代織制，說是以中央信託局為批發商的轉包加工制度，政府以控制原料來進行紡織統制。

由於原棉的來源是美援，因此必須接受美援機構的監督。1951 年，美援會 (台灣省美援聯合運用委員會) 與經合分署 (美國經濟合作總署台灣分署) 設立紡織小組，擔任美援原棉的分配工作。同年六月，這兩個委員會改組合併成美援聯合委員會紡織小組。同年八月制定台灣省紗布管理暫行實施辦法，作為紡織桶制的法律依據。至此紡織統治的制度化才算完成，紡織統治的機制是由美援會紡織小組制定政策，委由中央信託局執行，再由警備處運用警察權，擔任監誓市場的機構。(劉進慶，1992：211-212) 與日據時期一樣，警察也具備了經濟統制的功能。

紡織的產品其市場可分成兩個，一為按公定價格交易的管制配給市場，由中央信託局透過糧食局與農會，與農民進行米布交換。二為由業者自由銷售的自由市場，形成雙重市場結構。由於國家管制經濟的保護措施，再加上棉布生產的壟斷性。事實上紡織資本對於市場的壟斷性格，造成了價格的任意哄抬，賺取暴利。而農民與政府的物物交換則是在價格統制下，國家資本對農民勞動剩餘的榨取，將米作部門的剩餘轉移到國家金

融資本。另外一方面，私人紡織資本則透過市場的壟斷，榨取消費者，主要是農民與工人。

因此，所謂的紡織統制，並不是為了紡織品供應調整及物價安定，而是國家資本結合了紡織資本，透過原料、資金、生產與市場的控制和壟斷，運用國家權力，來進行資本積累。而其主要榨取的對象則是土著社會的消費者，尤其是米農。

(2) 本地資本的形成

土著社會的土地資本在農地改革的過程中，逐漸轉化為商業資本與高利貸資本。但並所有的地主階級都能轉化為資產階級。事實上，地價補償的過程是一種不等價的交換，地主階級在這個過程中，被國家汲取了相當多的資本。(柯志明，1988：21-22) 地主所獲得的實物債券與股票，在變相的低利儲蓄與價格波動下，又不斷地貶值，而產生了資本集中的現象。這個本地資本重組的過程，並非由國家所操縱，但在資本集中後所進行的積累過程哩，卻也是依靠著國家權力才能在進口替代時期迅速擴張。

1953 年六月一日，實物債券及四大公司股票交換券的發行，造成戰後台灣股票市場的出現。證券業者主要是曾在上海證券市場經營的大陸系統證券商人所組成，此一時期大多屬零星證券仲介業分布於地方市鎮或農村，其扮演的角色主要是以委託買賣方式收購小地主所擁有的股票，再轉手賣給大都市的證券業者及四大公司的投資人。在發行補償地價的二十二億元的同時，台灣的證券市場隨即成立。以這些有價證券為中心的本地資本，也在此時完成了市場基礎的重整。(劉進慶，226-227)

從 1954 年到 56 年，以股票囤積與股票投機為主的股市變動，造成小地主的沒落與大地主土地資本的轉化。地主所獲得的股票，除了台泥之外，其餘市價均低於面額，而且公營企業

經營狀況不佳，因此地主們紛紛將之兌現或換成實物債券。股票便集中在少數的大地主手中，以台灣水泥為例，1954 年十月的股東大會上，經營權主要為台灣五大家族中的板橋林家、鹿港辜家、霧峰林家及高雄陳家等所控制。1955 及 56 年股票的投機中，小地主的股票更加集中於大地主與商業資本。由公營企業轉換成民營的四大公司，於是由大地主集團形成的商業資本所掌握。

四大公司及臺灣水泥公司、臺灣紙業公司、臺灣工礦公司與臺灣農林公司，臺灣水泥統合了戰前淺野水泥、化成工業、南方水泥臺灣水泥等四家股份公司。臺灣紙業則是統合了戰前臺灣興業、臺灣紙漿工業、鹽水港紙漿工業、東亞製紙和臺灣製紙五家股份公司。台泥與台紙資本的轉移意味著本地資本繼承了戰前的水泥資本與製紙資本。而工礦與農林則是統合了日據時代許多中小企業所組成。(註五) 因此，這兩家公司資本的轉移意味著本地資本繼承了戰前日人經營的中小企業。水泥與製紙雖然事戰前日本的壟斷資本，但只是一小部分。工礦與農林則幾乎事戰前所有日人的中小企業。也就是說，在戰後資本重組的過程中，國家資本體制繼承了戰前的壟斷資本，而由土地資本轉化的本地資本則繼承了戰前的中小企業。(劉進慶，1992：84-85)

在進口替代時期，雖然外省籍的大陸資本比較容易取得國際開發總署的補貼，但也有少數本省籍的本地資本能獲得補助。如吳三連聯合台南商人所組成的台南紡織公司。王永慶的台塑集團也是在此時獲得貸款而開始發展。(Gold，1986：70-71) 進入出口導向時期，在政府有計畫引進外資與獎勵本地資本投資的情況下，利用臺灣廉價的勞動力，本地資本也迅速擴張，但在技術合作的形勢下，本地資本也日益依賴於外國的技術。

　　1951 年，私人資本的組織化開始出現。幾個大企業家聯合設立了中華民國工商協進會，在這時期，國家資本體制的控制下，工商協進會雖然常常扮演傳達政策的管道，但是隨著私人壟斷資本的茁壯，工商協進會愈來愈明顯示資產階級的組織。如辜振甫後來即被延攬入中常會，也代表威權政體已將私人壟斷資本納入統治集團中。

(3) 外國資本的引入

　　大陸資本與本地資本相對於外國資本而言都算是本國資本。這個性質的界定隨著國府來台而更加明確。只不過兩者對於國家的依附關係與土著社會的社會關係有極大的差異。相對於本國的私人資本則有外國的資本。臺灣戰後的外國資本主要以美國、日本為主，另外還有華僑資本。(註六) 外資的引入是伴隨著美援的恢復而開始，1950 年代，美國是以政府的經濟援助為主，日本則是以商品輸出來推動經濟復興，還沒有條件進行資本輸出。到了 1960 年代美國開始以私人資本的輸入代替政府援助，而日本則因五十年代經濟的高度成長，對臺灣開始由商品輸出轉為資本輸出。國民黨政權在六十年代出口導向時期，開始有計畫地引進外資，造成臺灣貿易的成長，但也形成對美日資本與技術的依賴。雖然國家相對於外國資本而言有其自主性，對於選擇外資的輸入，投資方式與產業部門的限制，都有一定的政策在控制。但是就國際分工體系而言，對美日的依賴發展一直是主要的經濟型態。

　　1952 年，國府與美國簽訂中美投資保證協定，雖然對於引進外資成效不大，但卻為六十年代美國資本的書入奠下了基礎。投資保證協定的訂立一方面是國府有意引進外資，一方面是依賴美援的結果，必須保障美國資本在臺灣的利益。1950 年代，美國資本佔外國私人資本對台直接投資的 93.2%。到 60 年代初

期 (1961-1965) 仍佔 82.3%。60 年代中期後，日本資本的輸入便逐漸增加。(段承樸，1992：236-237)

由於進口替代的策略逐漸產生市場飽和。生產過剩等問題，國府在 60 年代初開始發展出口導向經濟，積極引進外資。同時修改了一連串與外資投資有關的法令 (谷蒲孝雄，1992：105-108)(表二)，在外國人投資條例的修正中有兩個重點，一是解除了 50 年代以來利潤匯出的限制。第二是給予外國資本等同於本國資本的待遇。(劉進慶，1992：257)1966 年開始，外國資本對台投資的確大幅增加。(段承樸，1992：236-237)

整體來看，臺灣的外資輸入到 60 年代結束為止始終以美國與日本為主，投資的型態以所謂合辦企業為主。在 1953 年 -1965 年這段期間，不論是美國私人資本或是日本私人資本，其對台投資的目的均在於利用臺灣獎勵投資優惠待遇和突破臺灣貿易壁壘，擴大佔有臺灣本地市場。這一時期，美日私人資本投資項目均集中在本地市場緊缺而須加緊發展的進口替代工業部門。(段承樸，1992：239)1966 年開始，外資才開始利用臺灣廉價的勞動力，臺灣成為國際壟斷資本加工裝配基地，廉價勞動力的剝削則是國際壟斷資本發展的機制。(段承樸，1992：240)

這是戰後至 1960 年代為止，國民黨政權在臺灣經濟發展策略的結果，所謂的經濟奇蹟，事實上是臺灣從一個封閉的經濟體系再度被納入以美國資主義為核心的國際分工體系。外資的引入雖然有助於本國資本的積累，但也加深了他們對美日資本與技術的依賴。最重要的是，國際壟斷資本在臺灣的發展是以剝削臺灣廉價的勞力為運作的機制。這是從屬於冷戰體系中的美國陣營以及高度依賴美援的國民黨政權在臺灣的經濟發展模式。

接收了日本壟斷資本而建立國家資本體制的國民黨政權，

在對美援的依賴以及美國對政權合法性的支持下，無可避免的被納入了以美國與日本為主的分工體系中，美援提供了政權軍事與經濟的援助，使它在國防上能自我防衛，在經濟上能進行重建，但也在這個過程中造成對美國全面性的依賴，（文馨瑩，1990：154-214) 美國資本的輸入是繼承著美援的中止而來，而日本則善用了殖民時代建立的分工體系，使臺灣重新加強對其資本與技術的依賴性，臺灣的國家建構在這個國際分工體系下，充分可以理解政權本身有限的自主性。

1952.6	簽訂中美投資保證協定
1952.10	有關對華僑在臺灣投資生產事業的獎勵辦法
1954.7	外國人投資條例
1954.11	外國人以及華僑投資審議委員會成立
1955.11	華僑回國投資條例
1959.2	公布外國人華僑投資本金、利潤的外匯寄回國審查基準
1959.12	修改外國人投資條例
1960.3	修改華僑回國投資條例
1960.8	投資獎勵條例
1961.1	投資獎勵條例施行細則
1961.9	新美國援助法 (外國援助法)
1962	修訂中美投資保障協定
1962.8	技術合作條例

表三、有關外國人投資的制度 (資料來源，北村通子，摘自谷蒲孝雄，1992：106)

　　由對美國政治與經濟的依賴關係中，臺灣的國家資本體制也開始被納入國際分工體系中，由於分工體系的整編，臺灣被迫要發展所謂自由經濟，也就是讓資本自由化，在國內最主要的便是國營企業民營化與扶持私人資本，就國際而言則是引進外資，在這個過程中，國府的官僚體系當然有其經濟發展的策略，從進口替代到出口導向，國府的確使國內資本能進行資本積累。這個時期興起的國內資本有林挺生的大同公司、陳茂榜的聲寶公司、洪建全與日資合辦的松下電器等等，都是在出口導向時期，以電子工業發跡的。(Gold，1956：82-85)

　　而在農地改革過程中，由土地資本轉化的產業資本也在這個過程中快速的積累，私人資本力量的興起，剛開始與國家是結合的關係，私人資本依靠國家的保護政策而壟斷市場，國家則運用私人資本推動經濟發展，私人壟斷資本與國家資本體制的矛盾要到 80 年代才凸顯出來。

　　從依賴發展的模式來看，國內資本與外國資本的結合，其實也表示資本的運作超越國家所能控制的範圍。國內資本的積累並不意謂國家自主性的增加，反而是合作機制的建立，國際壟斷資本與國內資本的結合，強化了對後殖民社會勞動者的剝削。而私人資本的興起，不管是國內或國外，都不意謂著政治的民主化，相反的，政權的專制統治，透過保護政策，以及對勞動者的控制，反而有助於資本的積累 (陳玉璽，1992：39-45)國家組織在面臨內部日益強大的支配性階級時，其支配性的地位便轉化成只具有相對自主性，他們可以免受個別資本家或階級中部分成員的影響，但卻無法超越國內與國際資本階級的集體利益。(李佳哲，1990：101)

註一、當時,中國大陸的通貨膨脹早已非常嚴重,如果將台幣併入法幣,勢必使臺灣受到通貨膨脹的影響,引起臺灣經濟的混亂,因此,在貨幣制度上,把台幣暫時與法幣分離。通過購買力平價機能的外匯機構,即外匯市場的操作,而保持臺灣與大陸兩地的物價體系與金融關係的距離。換言之,其目標是將臺灣經濟自大陸經濟的影響中區隔開來。

註二、所謂的大陸資本,主要是指戰後國民政府支配下的上海地區國民黨官僚資本系統的紡織資本為中心,這些資本在 1950 年代初極短的期間終能在台灣扎根,並且擔任戰後臺灣紡織工業勃興的一隻重要支柱,同時及早在臺灣經濟中占據了支配性資本的地位。(劉進慶,1992:67)

註三、農地改革並不意謂傳統土地租佃關係徹底毀滅,出售的私有農地只佔全部私有農地的 21%。1959 年時,租佃農地仍占有所有農地的 14%。佃農仍佔所有農民的 15%,與自耕兼佃農的戶數加起來,其比例仍佔全體農家 37%。農地改革雖然導致傳統土地租佃關係逐步的瓦解,但是國家取代了傳統的地主,加強了對小農階級的控制。(劉進慶,1992:78-80)

註四、農業部門的資本外流是由下列幾個方面來計算,1. 農民儲蓄用於非農業投資者,2. 田賦徵實,3. 隨賦徵購,4. 農業生產貸款的償付。5. 肥料換穀制,政府對農產品出口的壟斷。(邊裕淵,1972:26-40) 這些方式都是由國家在主導。

註五、臺灣工礦是由 24 家煤礦、31 家鋼鐵機械、7 家紡織、8 家玻璃、9 家油脂、12 家化學製品、14 書籍印刷、36 家窯業、1 家橡膠、5 家電器、16 家建設,合計 11 項業種 163 家企業所構成。而臺灣農林則是由 8 家茶葉、6 家鳳梨業、9 家水產、22 家畜產,合計 4 業種 45 家企業所構成。(劉進慶,1992:84)

註六、嚴格地從經濟關係上來說,外國私人資本與華僑資本是屬於兩

種不同性質的資本。外國私人資本多為規模龐大、財力雄厚的
國際壟斷資本。國際壟斷資本通過資本輸出，建立跨越國界的
生產與銷售網絡，其經營活動可以不受各地政府法令約束，對
接受投資的國家或地區的經濟發展有很強的支配性。華僑資本
多屬中小資本，其規模與財力不能與國際壟斷資本相比，影響
力也有限。(段承樸，1992：235)

第五章　政治體制的形構與國家建構

　　國民黨政權的鞏固，就政權與資本的關係來看，一方面它依靠美援重建了日據時期的壟斷資本，建立龐大公營企業的國家資本體制。一方面，經由農地改革，它削弱了土著地主階級的土地資本，利用不等價的交換，汲取地主的資本到國家資本體制。

　　就政治體制的形構而言，臺灣的國民黨政權無法完全用拉丁美洲所謂的威權體制來解釋。拉丁美洲是在跨國公司的支配下，國際壟斷資本控制了國家與國內資本。因而軍事或官僚專制的威權體制有助於跨國企業對土著社會的剝削與控制。臺灣的國民黨政權一開始便是美國在冷戰體系下扶持起來，臺灣戰後的資本積累依靠的是美援而非跨國公司的國際壟斷資本，由於美援的運用，國民黨政權才能將接收自日本的壟斷資本予以重建，建立了國家資本體制。雖然美援依賴機制有助美國私人資本的輸入，但在大量引進外資之前，國府已經建立了國家資本體制，並且扶植了私人資本的興起。外國資本雖然造成臺灣的依賴發展模式，但卻無法完全控制國家的建構與私人資本的運作。(李佳哲，1990：102)

　　國民黨政權的鞏固，其實脫離不了國家資本體制的建立。但是除了建立壟斷資本以外，對於一個經歷過日本近代化統治的後殖民社會，因為長期隔離，而在接收後與中國政權有激烈衝突，導致土著社會與流亡政權之間的對立與緊張的關係。加上族群的區隔，尤其是中央政治體制的權力結構中的族群區隔，強化了族群的對立。對於土著社會的控制以及處於內戰狀態的敵對勢力中共的防衛，一方面則是依賴美國的軍事援助，才能確保他擁有優勢的武力，以便能控制臺灣社會。(王振寰，

1989：80-90，文馨瑩，1990：231-242)

到 60 年代末國民黨政權開始本土化之前，政權始終是運用軍事獨裁統治來控制土著社會。國民政府流亡至臺灣後，首先是進行黨改造，確立了蔣介石個人獨裁統治之後，建立黨政軍一體的專制政體，運用政黨軍特各級情治系統進行社會控制，在中央政治體制面，確保國民黨一黨專政。地方政治體制則逐漸透過利益與資源分配，扶持並且控制地方派系。對於土著社會原有各種組織均加以整編納入政權的控制下。50 到 60 年代，執行所謂白色恐怖，以反共之名，透過嚴密的情治系統，清除異己，期間無所謂族群的區隔，只要是對政權可能造成威脅者，一律加以逮捕，處以死刑或長期拘禁。(郭正亮，1988：30-44)

在政權鞏固的過程中，為政權制定及執行經濟政策的是一批專業化的技術官僚。國民政府由於內戰的失敗，知道經濟發展是政權鞏固的基礎。而美國則因臺灣依賴美援，因此，經常透過國際開發總署與美援會的干涉國府的經濟政策，最主要的便是要求經濟的自由化與政治的民主化。在經濟政策上，國府的經濟官僚一方面擁有專制統治下的自主性，一方面在臺灣依賴美援的條件下，以國家的計畫來推動經濟建設，美其名為計劃性的自由經濟。(Gold，1986：67-72) 國民黨政權在威權侍從主義下，由於政權鞏固與建立正當性的需要，不得不在美國在台機構的監督下，逐漸於經濟部門建立理性化的近代官僚體系。因而，國民黨政權也在領袖獨裁的支配下，結合了特務統治與技術官僚。技術官僚在私人壟斷資本興起後，其自主性也越來越高。

第一節　領袖獨裁與威權侍從體制

處於內戰狀態的國民黨政權在臺灣進行的政權鞏固，在政

治體制方面建立的是一個以領袖獨裁為核心的威權主義體制。
所謂威權主義體制，乃是指與政策形成有關的主體，只限於經
國家認可的少數人或集團。缺乏以一般人為對象積極而恆常的
動員努力，或促使體制正統化之意識型態系統的政治體制。對
於那些被允許參加政治的個人或集團而言，國家的決策方式雖
然不一定完全明朗，卻可充分地預測其政策形成的過程；而對
於一般大眾，則以國民統合或社會整體的必要性，來強制使之
接受國家的政策。

　　分析臺灣的政治體制，有下列幾點符合權威主義體制的概
念。(若林正丈，1988：5-6)

(1) 參與決策的主體，只限於國民黨階層中，與蔣介石。蔣經
　　 國父子有密切關係的少數外省人集團。

(2) 基於大陸上敗於共產黨教訓，國民黨政權對學生、勞工、
　　 農民的政治活動極端厭惡，乃透過中國青年反共救國團、
　　 御用工會、農會，以及各種特務機關–情報治安機關來嚴
　　 加統制。

(3) 被奉為基本國策的三民主義，其性格原本就容許作廣泛的
　　 詮釋，不論在帝國主義侵略時代的中國，還是在 1949 年後
　　 的臺灣，也沒有運用它來形成政治體制，建立正當性，或
　　 進行政治動員。

(4) 蔣介石時代，權力核心集團的成員，幾乎是固定不變；蔣
　　 經國時代，雖有其流動性，安定性仍相當高。接班過程中，
　　 雖然有權力鬥爭，如孫立人事件、吳國楨事件，卻沒有權
　　 力領導階層的分裂而引發政治變局。

(5) 以共產黨的威脅為由，強調國民團結和社會穩定之重要性，
　　 以壓低政治參與的層次。總括而言，臺灣威權主義體制的
　　 特徵是，國民黨一黨獨大、領袖獨裁、內戰體制、族群政

治、發展取向與對美依賴。(若林正丈，1988：4-30) 在威
權體制建構的過程中，由於領袖獨裁與侍從政治的制度化，
使得威權體制結合了侍從政治，可稱為威權侍從體制。

1948 年 5 月 10 日，國民政府頒布動員亂時期臨時條款，
賦予總統緊急命令權，不受憲法規定程序之限制，從此建立領
袖獨裁的政治體制。1950 年 8 月，蔣介石解散了中央執行委員
會，成立了中央改造委員會，確立他在黨內的獨裁地位(彭懷恩，
1987：71)。經由臨時條款與國民黨第七全大修正黨章，蔣介石
已成為政令與黨內的最高首長，不但不受任何民意機構的監督，
且連選得連任，並能任意破壞憲法所規定的政府機構，使個人
高於憲法，獨裁一切。事實上，臨時條款與黨改造，只是國府
當時實質權力關係的制度化，蔣介石個人獨裁的建立有其歷史
過程，由於內戰的失敗，使得國民黨流亡至臺灣，原本充滿軍
閥內鬥的國民黨，在蔣介石的重整下，建立了一元化的權力結
構。(郭正亮，1988：66-69)

領袖獨裁的權力運作具有下列特徵：1. 個人高於一切法令，
不受任何正式規則所限制。2. 個人高於黨內所有派系，高於所
有政治機構，3. 個人具有直屬的親信武力，不受既有軍令系統
束縛。前兩項確立領袖在正式和非正式權力系統的最高地位，
最後一項則發展出不承認任何既有規範，除領袖外不承認任何
權力領導的特務政治。流亡至臺灣，國民黨政權的特務政治，
號稱有八大系統，包括警政署、警備總部、調查局、中央黨部、
國防部情報局、憲兵司令部、總政治作戰部、國家安全局、統
由國家安全局指揮，完全納入領袖個人的控制。

在領袖獨裁下，政治體制不是按照正式的規範在運作，而
是依照威權侍從主義的原則。由於特務權力的最終基礎是源自
領袖個人的獨裁意志，因此，任何制度規範所意謂的明確性，

就成為阻礙權力運作的外在束縛。就日常運作來說，不同部門之間並非完全一致，次要領袖或組織之間的權力鬥爭，雖未公開化，卻被視為有助於部門或派系制衡，並成為最高領袖分而治之的控制策略。對領袖獨裁而言，最重要的莫過於確定領袖個人是否掌握了權力的賦予，權力大小並不能從表面的權力位置來斷定，實質的權力運作往往透過非正式的網絡。

因此，實施恐怖統治或政治動員，有賴於領袖的意志。在沒有內外危機時，技術官僚常具有較大的支配力；當內部危機出現時，則放縱鎮制機構權力；需要廣泛動員時，黨機構的權力即告擴張。(南民，1987：28)

在以蔣介石為首的這個外來菁英的統治集團內，因為所有主要成員都沒有私人的社會資源，必須完全依附在國家機構或黨組織內，所以每個人的地位與權力都源自於最高領袖的信任與授權。這些精英與他們外省籍追隨者之間的侍從關係，也是同樣必須依附在國家機構，他們分布在各層級的國家機關及其生產事業單位，各級黨組織及其外圍組織，佔據重要的部門和職位。這些成員所控制的各個層級，不同部門之間的組織資源可以有效地整合在共同的政治利益之下。儘管日後經過人事的遞移及更換，但透過選擇性的晉升錄用以及慣例規程之建立，核心菁英的意志仍能相當有效的貫徹。(朱雲漢，1989：142) 威權侍從主義支配下的官僚體系，因此，循著私人網絡與利益分配的原則在運作。

第二節　官僚體系的建立與國家資本體制的運作

在威權侍從主義支配下的官僚體系，尤其是推動經濟發展的技術官僚，其自主性相對於領袖獨裁是有限的，是領袖所賦予的。就官僚體系內部而言，其運作較接近理性化的原則。就

其與政治體制的整體關係而言，是從屬於威權侍從主義。因而，威權侍從主義所衍生的問題，常常違反了資本主義發展的理性化原則，諸如官商勾結、特權壟斷、國家資本體制的運作，因此，也隱含了這種特性，公營企業的主管常常是酬庸退休將領的職位，公營企業內部的運作因此缺乏效率，生產力低落，年年虧損。成長率一直遠低於私人企業。

但是，官僚體系的運作又是國民黨政權鞏固的基礎之一，透過官僚體系的運作，國府才能進行經濟重建，有效的運用美援，建立國家資本體制。制定與執行經濟計畫，從進口替代到擴大出口，引進外資與技術，培植本地資本。這些都需要官僚體系理性化的運作，透過經濟發展與資本積累，國民黨政權才能建立其正當性，而非僅考軍警特等暴力的擁有，以特務政治及專制統治來鞏固其政權。(李佳哲，1990：100)

因而，威權侍從主義下的官僚體系，必須要朝向理性化的近代官僚體系方向發展。隨著私人資本的興起，這種理性化的要求也漸漸強烈。另外，美國對於美援運用機構與過程的監督與干涉，也是促使近代官僚體系出現的外在壓力。(註一)

近代官僚體系的行程是始於 1949 年 5 月臺灣生產委員會的成立。1951 年，中華民國在美國的建議下設立了經濟安定委員會，1953 年，臺灣生產委員會被併入經濟安定委員會，同年，開始施行第一個四年經濟計劃。經濟安定委員會分社數個委員會，包括：金融及貿易政策委員會、美援使用委員會、預算及稅賦委員會、農業委員會、物價穩定委員會以及工業發展委員會。美國則因提供美援，所以在國際開發總署的監督下，在經濟安定委員會的各項會議中都有代表參予。(Gold，1986：68-69)

國民政府特別設立美援會來負責運用美援，由於美援會很

有技巧的擺脫其他部會的節制，享有相當程度的財政自主權，因此較之其接受美援國家的類似機構為獨立自主，也較能擺脫威權侍從體制下利益分配的原則，不致淪為就地分贓。更重要的是，美援的運用牽涉到政權的安全與鞏固，對於美援這麼龐大資源的獨佔性，使得國府擁有資源分配的絕對權力，而資源的分配與再生產，除了對於土著社會的榨取之外，便是依靠對美援的合理運用。(文馨瑩，1990：242-265) 因此，一個較為合乎理性化運作的官僚體系便在政權鞏固的目的建立。

但是在 1950 年代，由於戰爭體制的建立，又使得政權的鞏固必須偏重在國防的鞏固上，因此，儘管資本積累的需要增加，軍事菁英仍然在官僚體系中居於支配地位。(彭懷恩，1987：88) 就以 1954 年 6 月就任行政院長的俞鴻鈞所組成的財經內閣為例，財經部會首長的黨內地位偏低，都未列名中央常會，擔任中常委。1958 年第二次臺海危機發生 (八二三炮戰)，為因應緊急情勢，陳誠再度組閣，仍是軍事菁英支配的局面。直到 1963 年，陳誠請辭，嚴家淦以財經的技術官僚被任命組閣，自此財經技術官僚的地位才漸穩固，成為官僚體系的支配者。(彭懷恩，1987：88)

這是為什麼像尹仲容這樣的技術官僚在國府內部權力鬥爭中，一直在經濟部門享有極大的自主權的結構因素。這個時期，官僚體系的自主性一方面是在領袖獨裁下，對於利益分配的控制。一方面則是為了政權鞏固，對資源合理的運用和分配。當然美國對於美援運用的監督也是重要因素，間接也促成官僚體系的出現。(朱雲漢，1989：146-148)

官僚體系本身控制了從日本接收而來的國家壟斷資本，一方面依賴美援，一方面從土著社會汲取資源，從而重整了公營企業，建立國家資本體制。並且藉由控制資源，扶持且配著私

人資本的發展。對於農業部門，則運用肥料換穀等不等價交換的機制，從農民身上榨取勞動剩餘，形成資本再投入工業部門。

　　戰後初期一直到 60 年代末，國民黨的政權鞏固過程中，除了政治控制與意識形態的形塑之外，便是依靠官僚體系的運作來進行資本積累，在國家資本體制的控制下一方面支配著私人資本的發展，一方面透過對農民的剝削，榨取農業部門的資本。在以小農階級為主的土著社會結構之上，國家的建構是以控制與汲取小農階級的勞動資源，鞏固國家資本體制，並且支配著私人資本的積累在進行。隨著私人壟斷資本的擴張，國家建構的方式才會隨之改變。

第三節　戰爭財政的轉化與資源汲取

1. 戰爭財政的歷史基礎

　　國民黨政權流亡制台灣後，在國家建構過程中，國家財政是政治體制形構的重要機制，國民政府的國家財政收入上繼承了兩個歷史結構。一個是日據時期，日本帝國殖民政權所遺留下來的戰爭動員體系，包括國家資本體制與戰爭財政；另一個則是國民黨政權為了中國的內戰所形成的戰爭財政。

　　日本進入戰爭動員體制後，殷在台灣實行戰爭財政，如臨時軍事費特別會計，意指殖民地台灣對日本本土的軍費撥款。此項屬於歲出臨時的支出佔全部歲出的比例，自 1937 年起的 4.1%，到 1942 年佔 13%，1944 年時激增至 24%，對原先無須負擔國防支出的殖民地人民，變成新的重擔。(黃通，1987：69-71) 為了因應戰爭的需要，日本加速在台灣的工業化，以擴充生產力；但是，殖民政權由生產力增加所汲取的稅收，仍不足以應付戰費的需要。配合日本本土稅制的改變，殖民政權總共在台灣實施了八次增稅，或另立特別稅名目，或增加消費稅稅率；

戰時增稅至 1942 年幾乎達當年全部稅收入的三分之一。(黃通，1987：74-79)

此外，自 1939 年起，殖民政府頒布「台灣米穀移出管理令」，由總督府以公定價格收購，統一外銷的方式管制稻米的生產與流通，並賺取其中的差價。此一行政命令與後來頒布的「台灣米穀緊急處分令」構成嚴密的戰時米穀的統制體系，確保糧食資源的汲取；(蕭全政，1984：16-17) 在戰後為國民黨政權所繼承，成為稻米隱藏稅得以執行的基礎。(吳鯤魯，1988：14)

與同為戰時體制的國民黨相比較，日本殖民政權由於對資源的有效控制，其預算顯現出收入的穩定成長，支出與經濟發展的密切關係，以及收支之間的良性循環；整體而言日據時期台灣殖民政權的財政體制，更趨近於現代租稅國家的性質。(吳鯤魯，1988：14)

從 1911 年辛亥革命一直到 1950 年代，在廣大的中國土地上，事實上，國家的建構一直停留在政權本身的鞏固階段。這段時期所建立的政府，即使是 1928 年宣稱統一中國的國民政府，都面臨著政權鞏固的難題，各地軍閥勢力盤踞，並且有中國共產黨的國民國家運動在進行，國民政府始終無法有效控制整個大陸。為了抵抗外國的侵略及壓制國內潛在的競爭對手，在戰爭體制下，國民黨政權需要從外國或本土社會獲得大量的資源，而卻無力去從事生產性的投資。

進入二次大戰之後，國民政府為了佔總支出 60% 以上的軍費，採取下列幾種汲取資源的方式，1. 擴大直接稅的體系，2. 田賦收歸中央，並從 1941 年起，公布實施田賦徵實辦法，確保糧食汲取。(蕭全政，1984：18-19)3. 出售黃金及外匯，4. 擴大徵稅的範圍，實施鹽、糖、火柴及菸的專賣。然而，直接從國內

所汲取的稅收，仍遠不足所需，戰時財政赤字平均高過 75%，
只有靠金融體系擴張信用與外援，通貨膨脹也愈加惡化。(吳鯤
魯，1988：18)

2. 戰爭財政的特質

分析國民黨政權在戰後台灣的國家財政，具有下列兩種特
質。第一、它具有雙重財政的特質。因為宣稱自己是中國的正
統政權，因此國民政府必須建構一套代表全中國的政府，曾經
在中國大陸所組織的中央政府及官僚體系，仍原封不動地在臺
灣島繼續運作下去。但是，事實上，統治台灣省地省政府與在
名義上統治全中國的中央政府其所能控制的區域幾乎是一致的。
這種雙重政府表現在國家財政上，形成了中央財政與地方財政
這種雙重的財政結構。(劉進慶，1992：166-167) 第二個特質是
軍事財政。鉅額的軍事費用一直是國家財政上的難題，國家的
歲入受到軍事費用調度的限制；而歲出則受國防支出的限制，
這種大量資源汲取的內戰化是國家財政的另一特徵。

流亡至臺灣後，在戰時體制 (War-timeeconomy) 之下，國民
政府施政的一個基本原則是「以經濟支持財政，以財政支持軍
事」，用 1958 年行政院長陳誠施政報告的話來說，就是：在財
政經濟方面，應著重資源的培養與適當的分配，以求適應作戰
和支持作戰；換言之，對處於危機中的流亡政府而言，政權的
生存是最基本的目標，因而，為了有效對抗內戰中敵對政權，
及控制戰後所接收的台灣社會，資源的汲取與控制是最重要的
工作之一。(吳鯤魯，1988：46-47)

早在陳儀的行政長官公署時期，政府便透過金融體系對公
營企業大量放款，惡性的擴張信用、發行貨幣，以彌補財政收
支的不平衡，卻是讓人民飽受通貨膨脹之苦。另外，長官公署
沿用了國民政府在中國實施的田賦徵實與隨賦徵購辦法，配合

日據時代對台灣土地所有權的調查，結合成為另一個有效汲取民間資源的手段，1947年政府掌握了15.9%的稻米，1948年則為12.2%，其中半數以上均用來撥補給軍公教等國家機關人員，以維持國家機關的運作。(蕭全政，1984：24-27) 這個由農業部門中以隱藏性賦稅資源汲取的手段在國民政府流亡至臺灣後仍繼續實行，而且這個資源汲取的策略擴大，除了田賦徵實、隨賦徵購之外，還有耕種地的現物地租，農民償還空地放領或私有地的地價等，農業稅在國民政府的資源汲取與資本積累中扮演了極為重要的角色。(柯志明，1988：30-32)

由農業部門中以隱藏性賦稅所汲取的收入，包括：田賦徵實、強制收購、肥料換穀與地價償付等稻米徵集之手段，以及利用市場價格與政府徵集價格差價的不等價交換，這種隱藏性的稻米稅 (hiddenricetax)，從1952年，約相當於同年所得稅的收入，而比同年田賦的收入多出兩倍以上。(吳鯤魯，1988：64)

分析國民政府財政措施的變遷與戰時體制的轉變息息相關，1950年6月韓戰爆發前，由於美援斷絕，政府須獨力負擔高額軍事支出，只能採行各種臨時的汲取手段，並試圖建立簡略的預算制度。韓戰發生後，美援恢復，彌補了國家收支的赤字，並且直接供應主要的軍需，至此，國民政府才能從事收回財政分配權的工作，進行統一稽徵制度與財政劃分的改革。1954年，臺海第一次危機發生，政府與美國簽訂共同防禦條約，政權的生存得到近一步的保障，也更加鞏固；於是得以進行租稅改革，將混雜的所得稅制改變成美式制度，分為綜合所得稅與營利事業所得稅，並加入稅式支出的手段，以促進經濟成長，求取未來稅基進一步的擴大。最後，在1960年〈獎勵投資條例〉的租稅改革，更大幅採用了稅式支出的模式，以吸引外資的投入，而這項改革正好處在1958年台海第二次危機之後。(吳

鯤魯，1988：60) 政權的鞏固促使了戰爭財政措施的轉化，使得國家建構過程中資源汲取的模式由榨取式的汲取，慢慢轉化成累積式的汲取，以經濟的發展與資本的積累來擴大政權所能汲取的資源。

3. 戰爭財政的轉化

在重建階段初期，國民政府以控制通貨膨脹與支援作戰為主要目標。1953 年之後，隨著政府財政收入漸趨穩定，且美國對國府援助政策轉變為要求其自給自足，生產性的支出增多。在中央政府的歲出決算數上可以看出，1955 年度的事業基金支出較前一年度增加六倍有餘，經濟建設及交通支出也增加為兩倍以上，均為各項支出中增加最迅速。

但生產性的需要與戰爭財政之間仍有矛盾存在，執行對台軍援的美軍顧問就曾一再要求國民政府從金馬撤兵，並裁減軍隊，以縮減國防經費，用來改善民生。(文馨瑩，1990：164-166) 但國民政府以國家安全為理由，即使美方以終止援助相威脅，國府也沒有完全遵照美軍顧問團的要求。此外，1953 年起，行政院規定結匯加徵 20% 防衛捐，防衛捐的徵收以國防需求為目的，但為了培植國內紡織工業，不得不對美援的棉花進口免徵結匯防衛捐。

總括來看，國民黨為了維繫政權本身的生存與鞏固，在戰後初期不得不採取掠奪性的財政措施來進行資源汲取，以鞏固戰爭體制，諸如：國防支出比例始終居高不下，從 1951 年至 1958 年，平均約佔中央政府支出了 73.5%，而佔全部政府支出 47%。(吳鯤魯，1988：56) 另外一方面，美援當然也是重要來源，美國國際開發總署 (AID) 曾經表示：在 1956-62 年間，若扣除美援臺幣基金對財政的補助，國防支出將佔中央政府國內收入之 100%，財政赤字將提高為預算的 25%。1950 年代美援佔 GNP

的 6%，而臺灣軍費預算高佔 GNP 的 10%，可見美援在國府軍費支出上的重要性。(文馨瑩，1990：166)

除了正常的賦稅收入之外，國民政府為了應付鉅額的軍事支出，持續採用各種臨時性的汲取方式，如開徵防衛捐。為了應付緊急需要，統籌防衛經費，省政府於 1950 年 1 月在十二個項目的稅收中附加或代徵防衛捐，原本僅預定實施三個月，卻一再以行政命令延長實施，並且擴大稽徵範圍。1951 年並納入「台灣省內中央及地方各項稅捐統一稽徵條例」中，正是依法課徵，防衛捐實施至 1961 年，方採取逐步廢除方式，直到 1968 年才全面停徵。(吳鯤魯，1988：66) 等到經濟重建需要增加時，生產性的支出才增多。一方面，經由美援的投入與資源的汲取，政權有資本從事公營企業的重整與私人資本的扶持；另外一方面，只有進行資本的積累與擴大再生產才有辦法擴大國家建構所能汲取的資源。

4. 政權對地方的財政統制

在雙重財政結構下，國民黨政權財政措施的另一項功能，是對於土著社會地方勢力的控制。1951 年 6 月，公布「財政收支劃分」法，規定中央、省、縣市鄉鎮的稅收基礎。從 1952 到 1965 年的國家財政，中央政府平均佔 61.4%，省政府 14%，縣市鄉鎮公所 24.6%，這十四年間雙重財政的結構大體維持著六比四的比例，但是，實際上中央財政的規模比此數字還龐大，大概可達國家財政總額的 70%；那是因為中央財政並沒有將鉅額的防衛捐計算在內，因此全部財政的 70% 為中央所獨佔，雖然台灣的財政是雙重財政，但中央財政構成了財政結構的主要部分。(劉進慶，1992：168-170) 自 1961 年到 1971 年間，鄉鎮收入仰賴上級補助部分，平均每年達 23%-44%。(郭正亮，1988：57)

第四節　威權體制與社會形構

早在 1948 年，國共內戰時，臺灣便宣布戒嚴，進入備戰狀態，1949 年 5 月 20 日，國府宣布實施全面戒嚴，1952 年，中央改造委員會通過「反共抗俄總動員運動綱領」(註二)，經過黨改造的國民黨，在戰爭體制下展現組織與動員的能力。此時的威權體制在內戰化的脈絡下，因而具有強烈戰爭動員的性質。

威權體制的社會形構展現在兩個層面，一是對勞動體制的形構，也就是對社會生產關係的形塑；另外一方面，是對於土著社會既有地方勢力的控制。(註三)

1. 勞動體制的形構

(1) 農業生產關係的形構

戰後台灣的資本積累，延續著日據時期所建立殖民經濟體制的基礎，以商品化農業與農業部門資本的汲取來促進產業資本的積累與擴大再生產。在這樣的資本積累的型態下，政權對於勞動體制與社會生產關係的形構，依照資本積累的過程，可分為農業部門與工業部門。

農業部門如同本書在第三章第二節土地資本轉型時所討論，在農地改革之後，土地的零細化使小農階級成為農村的主體，而國民黨政權又透過農業貸款、肥料換穀、田賦徵實、地價償還及農業儲蓄等，汲取農業部門的資源到工業部門。因此，一方面為了資源的汲取，一方面為了對仍居人口大多數農民的控制，農業勞動力的統制便具有雙重功用。

由於農民土地所有權的獲得，是來自政權由上而下的改革，再加上米糖徵收體制的確立，農民不僅須向國府交換肥料，購買農機與飼料，更須配合政令耕作。農地改革之後的農民，大制上具有下列特徵：喪失集體勞動過程、家族本位、關心政令、

依賴政府、主佃關係消失。(蔡宏進，1967：50-52)政權控制了農民的生產資料，使得農民由傳統租佃關係解體後，被納入對政權的從屬關係下，加上由公地放領及耕者有其田所導致的地價償還，使農民至少有十年的時間是被束縛在土地；土地的零細化與農業勞動剩餘的剝奪，使得小農階級普遍的貧困化，國家與農民之間的剝削關係，更甚於封建社會下的土地租佃關係。

政權對於農民的控制與動員網絡主要是建立在各地的農會上，農會是政權得以進行資源汲取與社會控制的社會機構。1949年農會改組，規定農會負責人必須由農民自身選出，並將各級合作社併入各級農會；1953年再改組，區分為三級制：既有省農會一所，縣市農會二十二所，鄉鎮區市農會百一十七所，並有基層農事小組，依村里規劃，達5000組以上。(李碧涵，1980：381-410)1953年，農會改組後初次選舉，在鄉級農會總共3805個理事中，國民黨贏得3776席次；縣市級386個理事中，384個席次。(Wu，1987：50)

在國民黨政權的統治下，農民階級在生產關係上是從屬於國家資本體制，藉由各種資源汲取的手段，農民的勞動剩餘被剝削到只能維持生活基本需求，以便農業部門的再生產。在權力關係上是從屬於威權體制下的地方侍從政治，由於，地方派系壟斷了地方性資源的汲取，因而，依靠著利益分配的網絡與土著社會殘存的社會關係，農民階級只能從屬於地方性的政治侍從關係。

(2) 工業生產關係的形構

勞動體制的形構表現在另一個層面是在，對於工人組織與勞動過程中的嚴密控制。國民黨政權對於工人組織與勞動過程的控制模式有兩種，一種是以法律與行政權力來形塑生產關係，另一種則是利用其黨組織與代理人進入工會或直接成立工會，

以監控與預防工人集體行動的產生。

國民黨的工會政策同樣有其歷史根源。1921年，孫中山就任大總統，曾經發布命令廢除北洋政權對勞工集體行動的限制。1924年，孫中山的廣州政權公佈了一份工會條例，透過立法保障勞工的結社權與罷工權。但是，隨著北伐過程中的清黨，國民黨開始壓制工運，並且企圖建立對於社會團體的領導權，包括工會組織。

民國十七年，國民黨中央黨部設立民眾訓練委員會，省市黨部設分支機構，為了重新組織清黨後的各地工會，特別成立各省市工會整理委員會，所有工會均遵照規定程序重新改組。民國十八年的工會法，明訂出國民黨對工會的領導，規定工會的指導機關為各地的黨部，縮小工會法適用範圍，並刪除員工會條例對工人集體行動的保障。(註三)民國二十九年，國民黨政權將黨組織中負責控制工會的社會部改隸屬於行政院，以便透過政府組織實行其工會政策，並且使其社會控制的支配形成合法化。國民黨政權在大陸時期，對於國家建構過程中工人勞動體制的形塑，在此時大致完成。(鄭陸霖，1988：26-28)

日據末期，在戰爭動員體制下，二十年代興起的勞工運動早已被壓制，工會組織被納入各類產業組合等動員體制的控制之下，戰後，在1946年時，全省工會只有二十四個單位，工會可以說是處於空白的狀態。在這樣的社會基礎下，國民黨政權開始透過各級產業黨部成立新工會。從1947年到1952年之間，大力推動組織工會運動，目的在建立威權體制對工會的領導權，並且，藉由勞動體制的形構，進行經濟重建，以利國家資本體制的運作，這也是政權鞏固的重要環節，及戰後在台灣的國家建構過程中，對於社會生產關係形塑的基礎。

1947年，臺灣省社會處成立，之後全省工會在國民黨

輔導下，由 1946 年底的二十四個單位增加制 1949 年年底的一百二十九個單位，目標在發展職業工會以及建立各縣市工會。1950 年國民黨宣布改造後，發表現階段政治主張，主張扶植勞工組織，1951 年的工運指導方案「」亦指示台灣省公營廠礦，應限期完成工會組織。開始發展產業公會及建立分業工會聯合會，特別是對台灣省公營廠礦全力推動組織。產業工會由 1951 年的三十三單位，增加到 1957 年的兩百八十八個單位。而 1953 年，第二級產業 (工業部門) 只佔全國總生產的 17.7%；台灣工業化的主幹製造業，1951 年也約略只佔總受雇人口的 10%。國民黨政權在 1950 年的工會政策，一方面是在對工運進行預防性的控制，藉著工會體系與黨領導權的建立，鞏固威權體制對生產關係的支配。(鄭陸霖，1988：30-31) 另外一方面，是配合著經濟重建，藉由控制工會組織，形構勞動體制，整頓國家資本體制。

威權體制對於勞動體制的形構，主要是以黨組織在進行；為了促使黨能在工會中發生控制作用，國民黨政權運用了工會的黨團，秘密策畫工作；而藉著工會組織中的黨員幹部，執行政權對工會組織的政策，完成政權對工會組織的領導；在加上為統籌策略與步驟，於中央黨部及地方黨部社制主管勞工運動的機構。這個網絡大致上便構成了政權工會控制系統。(鄭陸霖，1988：31)

除了黨組織之外，情治系統的監控也是政權對於生產關係形塑的控制網絡之一；每個中大型企業的人事部門，通常會設置人二室，作為情治系統進駐企業的監控單位。他們對於員工所建立的安全資料，在員工的雇用與升遷上，產生相當大的影響。(王振寰、方孝鼎，1992：12-13)

黨組織與情治系統構成了國民黨政權對於工人勞動體制控

制的權力網絡，而法律則提供了這個勞動機制形塑的合法性基礎，以及連結黨組織與行政系統的機制，使得政權的控制網絡能轉化為國家的支配形式，從而完成了國家建構中對於社會生產關係的形塑與控制。

1920 年代末，蔣介石領導下的國民黨政權在清黨之後，為了控制工人的集體行動，制定了工會法與勞資爭議處理法，將工會納入地方政府以及黨組織的控制下，賦予地方政府介入勞資衝突的法定權利，將工人的爭議權納入政府的強制仲裁制度以及刑法的規範下。(王振寰、方孝鼎，1992：10-11) 這兩項法律，使得工人的結社權與爭議權受到行政系統的限制，國民黨政權流亡至臺灣後，仍沿用這兩個法律來形成生產關係的正式規範。

值得一提的是，工會法在形式上似乎賦予了工人現代的工業公民權 (industrialcitizenship)(註五)，使得工人在生產體系內，就像現代國家的公民擁有公民權一樣，能夠擁有工業公民權，保障其基本權利，如：結社權、爭議權、罷工權等等，免於管理者管制的控制。工會法第五條中，賦予工會與管理階層對等談判的法律地位；第二十六條，允許工會在協商破裂後採取罷工的行動；第三十五、三十六條、三十七條，禁止管理階層壓制工會的行動。在第五條第一款及第九款規定工會的任務包括了團體協約之締結修改或廢止，勞資間糾紛之調處。但是，他只片面的規定了工會具備的功能，卻沒有相對的約束管理階層的條款。工會如果向地方政府聲請調解或仲裁，就算是地方政府判定工會獲勝，也沒有任何強制性力量要求資方遵守裁判的結果。而且，所謂罷工權的賦予在軍事戒嚴體制下，依照戒嚴法的規定，根本是違法而無法行使。工會喪失最有利的爭議手段，其他對於工人工業公民權的保障都只是徒具虛文。(王振寰、方孝鼎，1992：9-14)

(3) 勞動體制形構與國家資本體制的重建

　　威權體制透過權力的控制網絡 (黨組織、情治系統) 和形式性的規範 (法律) 進行勞動體制的形構，形塑了社會生產關係。就威權體制與國家資本體制結構上聯屬的關係來看，是為了控制工人的組織及勞動過程，以便剝削工人的勞動剩餘，進行經濟重建，重整國家資本體制。

　　農業部門就如前面所討論 (參考第三章第二節) 國民黨政權透過米糖徵收機制，將農業部門的資本汲取到工業部門，由於金融體系是屬於公營的金融獨占資本，植根於殖民體制的國家資本體制，便以壟斷的國家金融資源為基礎，進行重建與再生產，而形成一個自我完成的生產、流通體系。(劉進慶，1992：30-35)

　　而工會組織的形構是配合著國家資本體制的重建在進行。1951 年，中國國民黨現階段勞工運動指導方案指出：勞工運動應與國家經濟政策相配合，培養勞工生產責任觀念，提高勞動效率以促進生產事業之發展。為了達成上述政策，國民黨中央改造委員會於 1951 年 12 月，就原有公路、鐵路等職業黨部擴大組織，成立台灣公路、鐵路黨部，直屬中央；1954 年 3 月，就原有台灣省工礦黨部，分設台灣區及台灣省產業黨部，以加強黨組織在產業、職業部門的組織活動。

　　國民黨政權戰後在台灣的國家資本體制，是自日本殖民政權手中接收了龐大的公營事業體系，包括：糖業、石油、鋼鐵、電力、肥料、水泥等等所建立，這是此一時期資本積累的重要基礎，從 1954 年到 1966 年，公營企業資本佔台灣所有資本的五成至六成。(劉進慶，1992：110-111)

　　可見國家資本體制在戰後經濟重建中的重要性。基本上，國民黨的經濟重建策略可分為下列三個步驟：工業復建、基本

工業增建、保護策略性工業。配合這三個步驟，工會組織的形構也同步在進行。(李允傑，1989：46-51)

I. 工業復建

台灣工業發展的第一步是從三十八年開始的工業復舊工作 (尹仲容，1960：2) 復舊階段工作的重點，為修復戰時遭破壞的工業設備及戰時未完成的建設工作，包括：電力、水泥、紙業、製糖、肥料、石油及煉鋁等工業，這些工業產礦單位的工會組織，大多在 1950 年到 1961 年之間經黨政機關策動扶植成立。1952 年，行政院下令內政部推動籌組各公營事業產業工會，指示應本互助合作增加生產的原則，以適合反共抗俄總動員需要。此一時期成立的工會有製糖業工聯會，(1955)、造紙業工聯會 (1955)、台灣省電力工會 (1958)、石油工會 (1958)、水泥業工聯會 (1961)、肥料業工聯會 (1961)、機械業工聯會 (1961)。

II. 基本工業增建

主要包括交通運輸業和民生必需工業。鐵路、公路系統的修復與擴建關係著工業的發展；民生必需品則是在通貨膨脹下，確保物資的供給。配合這兩項工業而成立的工會有：台灣省鐵路工會 (1947)、台灣省公路工會 (1954)、製鹽業工聯會 (1956)、電信工會 (1957)、菸酒業工聯會 (1956)、礦業工聯會 (1962)。

III. 保護策略性工業

國民黨政權在 1951 年開始時的進口替代政策中，最重要的便是保護策略性工業。此一時期，除了透過進口管制、保護關稅及複式匯率等行政措施來保護策略性工業之外，勞動體制的形構也是幫助這些策略性工業進行資本積累與擴大再生產的重要機制。(李允傑，1989：48-49)

以各地的產業黨部為控制網絡的工會組成運動，到底成效如何？根據 1962 年國民黨中央委員會的檢查報告中指出，產業

黨部各支黨部對於已成立之產業工會及聯合會，都能切實指導推進業務，黨團組織已完成 95%，除糖聯、鹽聯、棉紡聯、電力等四省級工會均已建立黨團外，所轄各產業工會八十單位，以建立黨團共七十六單位。(李允傑，1989：51)

　　從威權體制對社會生產關係的形塑來看，威權統治與勞動組織的聯屬，是為了對勞工集體行動發生的積極性預防，並且藉由勞動體制的形構，進行經濟重建。國民黨政權對於工會組織的控制當然不只是依靠黨組織，在威權侍從體制下，情治系統與官僚體系的聯屬又成為政權控制工會組織的重要力量。就政權對於社會生產關係的形塑而言，它確保了國家建構中，國家資本與私人資本對於工人勞動剩餘價值的剝削，以便政權能進行經濟重建，整頓國家資本體制，解決政權的危機，並且建立了國家支配勞動體制的形式。階級意識當然是工人運動之所以形成的生活意識的基礎，但是，在威權體制對於工會組織及勞動過程的嚴密控制下，工人群體自主的溝通網絡實在難以形成，國民黨政權在國家建構過程中對社會生產關係的形塑，的確在戰後奠立了支配關係的基礎。

2. 地方派系的利益結盟

　　國民黨政權對於地方派系結盟與操控上，基本上是透過兩種機制在進行，一個是地方性的選舉，另一個則是寡占性經濟的分配。

　　威權體制下的選舉，其目的主要是甄補土著社會的政治菁英，以強化威權體制的正當性。(Winkler，1984：481-499) 經由局部選舉，以便吸納本土菁英，確立中央集權與地方派系傾軋相互隔離同時並存的政治體制。根據 A.Lernam 的觀察，開放選舉並不是為了發展多元競爭的政體，而是為了發揮菁英整合的功能。來自大陸的國民黨菁英與土著社會地方的政治菁英之間，

透過選舉而從事利益交換。政權給地方權力位置 (權力價值)，地方供中央群眾基礎 (正當性)，選舉既然提供了合法的參與管道，自然舒緩政治參與壓力。(彭懷恩，1987：46)

　　1950 年以後的二十年間，國民黨政權對於政治參與的管道，基本上是採取消極限制的策略，只開放地方政府層面，允許地方性的選舉。而對於政黨競爭是持否定的態度，自由中國的組黨運動便是最佳的例子，保持一黨獨大的絕對優勢是政權之所以鞏固的基礎。在這種地方性選舉機制下，地方勢力的政治人物，不管其立場是支持或是反對政權，他們的權力運作始終有其空間上的限制性，加上國家財政中政權對地方財政的控制，使得地方只能取得有限的資源，在這種政權與地方的結合關係下，國家的建構自然就確立了中央集權的支配形式。

　　另外一方面，地方性的寡佔經濟，又使得地方勢力有其自主的資源動員網絡，在國家資本體制與國家財政的支配下，地方寡佔資本雖然不可能取得社會生產關係的支配性；而且在政權控制了主要的財政資源下，無法藉由行政系統的稅收汲取資源。但卻保留了地方政治勢力自己的利益網絡，使得政權與地方的結合又在資本體制上產生了區隔，確保政權對與壟斷資本的支配性，鞏固國家資本體制；卻也在利益分配的機制下，利用地方寡占性經濟的分配，獲取地方政治勢力的支持，取得正當性。

　　地方政治勢力的寡佔經濟主要有四個類型：第一、是政府特許下的區域性獨佔經濟活動，包括：銀行、信用合作社、非信用合作社 (如青果合作社)、農漁會 (主要是其中的信用部) 及汽車客運公司。台灣省各縣市 89 個縣級派系中，有 81 個派系至少參與一向上述的獨佔經濟活動。第二、省營行庫的特權貸款，凡是有機會當選省議員的縣籍派系，都可

以分享。第三是省政府及各級地方政府的公部門採購，主要是
公共工程的包攬，特別是在建設經費比較充裕的縣市。第四是
以地方政府公權力所換取的經濟利益，一種是表面上合法的特
權，如利用都市計畫來進行土地投機炒作；另一類是用公權力
來掩護非法經濟活動，如：色情行業及賭場。(朱雲漢，1989：
151)

　　第四種類型最為重要，因為，1. 可以分配給所有派系，
不限於縣級派系，2. 對國家財政沒有損失，3. 可以不斷再生產
侍從關係，也就是說，地方派系可以透過影響公權力的運作，
來分配利益給追隨者，還可能藉此抽取佣金。國民黨政權容許
地方派系藉著公權力的選擇性使用把地方的公共性資源加以派
系化，透過地方性資源的壟斷，塑造其與民眾的侍從關係，派
系以其所能分配的資源交換民眾對它的政治忠誠。(郭正亮，
1988：48-50、朱雲漢，1989：152)

註一、黃仁宇認為蔣介石在國大陸建立的軍事政治組織已經具備了近
　　　代西方官僚體系的雛型。(黃仁宇，1988：254-272) 黃仁宇顯然
　　　忽略了當時經濟官僚是被孔宋家族所把持 (柯喬治，1992：76-
　　　77) 是從屬於資產階級的利益。而軍事官僚體系則是個別的軍
　　　閥分立的局面，就算是蔣自己的親信部隊，也不符合它所描述
　　　的西方近代官僚體系的特徵，而應該是從屬於威權侍從主義。
　　　(郭正亮，1988：68) 因此，國民政府一直到戰後流亡至台灣，
　　　才開始逐漸發展出近代的官僚體系。
註二、1952 年，國民黨中央改造委員會所通過的反共抗俄總動員運動
　　　綱領，其內容包括：1. 經濟改造運動 (發揮人力、增進地力、
　　　發展物力、運用資力)；2. 社會改造運動 (實行新生活、厲行戰
　　　時生活、改善勞工生活、培養團體生活)；3. 文化改造運動 (精

神教育、國防教育、學術研究、科學技術) ; 4. 政治改造運動 (一般行政、人事制度、地方自治、中央政制)(許福明，1986：110-120) 結合控制網絡，在全國進行總動員。同時也在運動過程中，逐漸確立黨在土著社會的外圍組織。

註三、國民黨的社會控制策略，是在各種人民團體中，設立潛在動員組織，配合政策輸出，其策略如下：(郭正亮，1988：34)

　　1. 根據情勢，主動輔導設立團體，並取得總團體領導權。

　　2. 制定「非常時期人民團體組織法」規定每類團體只能設置一個，禁止敵對團體出現，此為排他性的組合主義。

　　3. 對並非輔導成立的大型團體，則發展黨團組織，逐漸取得領導權，如各大專院校校園黨部。

　　4. 對於無法掌握之團體，則成立對抗性團體，如針對海外台灣人的「台灣同鄉會」，設置「台灣同鄉聯誼會」加以對抗。

註四、依據民國十六年泛太平洋勞動大會中，中國代表的報告，當時工會會員高達 3065000 人，而清黨之後，據國民政府工商部在民國十七年十二月的調查，會員數減為 1173000 人，到了民國二十一年經民眾訓練重整後，更銳減為 410000 人。(鄭陸霖，1988：27)

第六章　結論

　　本書主要是在處理從殖民時代到後殖民時代，台灣國家建構的過程，在這個過程中，台灣社會經歷過兩個不同政權的統治，在國家建構的過程中，政權到底在台灣進行了怎樣的社會形構。這些社會又如何成為政權鞏固與國家建構的基礎，並且，在這個過程中，形塑的怎樣的生產關係與勞動體制。本書企圖由殖民經驗與後殖民歷史的解析來達成歷史脈絡的釐清，使得國家建構與資本積累等論述在時間上沒有呈現斷裂的現象，從而，在結構上具有完整性，並且由歷史中不同結構的聯屬來理解國家建構，在方法論與知識論上避免社會實體與社會現象的爭議。

　　近代台灣國家建構的過程，主要可以分為三個時期，第一個時期是從 1895 年到 1930 年代初，為日本殖民體制建構時期，日本以日台間的分工體系來建立台灣商品化農業的殖民剝削體制，1920 年代，因為米糖相剋曾經導致殖民體制的危機，而興起了反殖民的國民運動，為這個時期國家建構的主要內容。第二個時期是從 1930 年代到 1945 年，為戰爭動員時期，日本加強了在台灣的國家建構，透過戰爭動員體制，建立了嚴密的資源汲取與統治的體制，形成了國家資本體制，將所有的生產流通過程納入國家的控制。並且在戰爭動員的需要下，積極推行皇民化運動與宗教統制，進行國民的形塑，以便將台灣正式納入日本的國民國家中。第三個時期是從 1945 年到 1960 年代末，為國民黨政權國家建構時期，因內戰失敗而流亡的國民黨，在台灣接收了日本所遺留的國家資本體制，初期作為其戰爭經濟汲取資源的機制，隨後被納入冷戰體系，依靠美援的運用與土著社會資源的汲取，重建了國家資本體制，確保了資源的壟斷

與再生產，為它的政權鞏固奠立基礎。在威權體制下，配合著國家資本體制的重建，形構了勞動體制與地方派系，建構了國家的支配形式。

近代台灣國家建構的過程中，政權都是採取與資本體制聯屬的方式來進行社會形構，從而完成了國家的支配形式。日據時代前期，殖民政權透過與糖業壟斷資本的結合，在台灣進行農業剩餘的剝削，目的是要完成日本本國的資本積累。在這個過程中，台灣的土著地主資本部分轉化為產業資本，但也都從屬於日本殖民政權與壟斷資本結合的體制，而農民階級的零細化也在此時展開。

日據後期，殖民政權透過戰爭動員體制的建立，逐漸將私人壟斷資本納入國家的控制，從而建立了國家資本體制，這個是戰後國民黨政權在台灣建立國家資本體制的基礎。同時，土著社會的地主階級力量更加被削弱，小農階級更加零細化。這個階級改造的過程，並沒有隨著國民黨政權的建立而中斷，相反的，它成為國民黨政權戰後在台灣的國家建構的社會基礎，也就是在日據時期殖民體制繼承的過程中，國家資本體制與威權體制才能建立，並且聯屬在一起，成為國民黨政權進行國家建構的結構性力量；在日本殖民體制所建構的社會生產關係下，國民黨政權才能在既有的基礎之下進行社會形構。

對於具有殖民經驗的台灣，任何社會科學的研究都不能忽略歷史的面向，而歷史絕對不是全然斷裂的，任何以戰前戰後，或者是以政權更替為範疇的研究，勢必都會面臨此問題；畢竟社會的形構並不會因為政權的更替而斷裂，前者恰好是後者的基礎。因此，對於台灣近代國家建構過程的分析，本書嘗試從日據時代連結到戰後，不以政權的更替為分期，主要是考慮社會的生產體系與階級關係並不是因政權而改變，反而是國家建

構的基礎。

　　對於台灣社會而言，殖民政權（日本）或流亡政權（國民政府）都壟斷了龐大的暴力，這當然是政權鞏固的基礎，但是在這個基礎之上，兩者都同時要進行資源的汲取與資本積累。資源的汲取除了遂行戰爭之外，還能幫助資本體制進行資本積累與擴大再生產，從而為國家創造更多可動員的資源，這當然是指私人壟斷資本才剛興起，並且在官僚體系與國家資本體制控制下的階段。資本積累因而是做為資本主義與國家建構兩個概念的連結點，透過將資本主義與國家建構的連結，一方面，我們可以運用馬克思主義國家觀的優點，將國家放置到資本主義發展的脈絡下去觀察，一方面，卻又能避免階級決定論的問題，視家與資本主義為一種結構上的聯屬關係，而非時間上的因果關係，從而避免歷史唯物主義中社會演化論的色彩。

　　國家因此不能用功能論的分析方式，將之視為資本主義生產結構的上層建築，而其內部的機制和運作完全是依照資本體制的需要在進行，國家不只是具有相對自主性，國家應該被視為是不同於資本主義的另一個結構，唯有將兩者之間的聯屬關係加以釐清，才能認識到國家的機制與運作邏輯為何？從而更能界定清楚資本主義在其中的作用為何？不能忽略資本的力量，但又不過份誇大資本體制的支配性。對於國家的研究，因而，相當有助於馬克思主義的反省與批判。

　　如此，立基於馬克思主義歷史方法論的帝國主義模型，在解釋近代的國家建構時，便容易犯了功能論式的方法論斷，而必須加以批判。矢內原忠雄的「日本帝國主義下的台灣」是其中的經典之作，但是，在方法上恰好存在這個問題。矢內原在分析日本殖民時期台灣資本主義化的過程時，將土地調查、貨幣與度量衡的統一、外國資本的驅逐、財政與稅收的運作、意

識形態的教育及殖民專制政治等歷史現象都歸諸於資本主義的邏輯，是資本的力量驅使了這些制度的建立與事件的發生。然而，以台灣總督府為代表的日本殖民政權，他對於資本主義發展的政策的訂定與執行，一方面是遵循日本母國殖民政策而改變，另外一方面則是以總督府這個官僚體系本身的運作來決定。以奠立整個殖民剝削體制的兒玉源太郎與後藤新平而言，政治精英與官僚體系的運作，是殖民政策制定與執行的重要關鍵。

就如同 Miliband 所強調的，國家儘管是在資本主義生產結構的限制下運作，但決定國家的政策與階級策略的仍然是官僚體系，官僚體系與國家的自主性因此是密不可分的，官僚體系與資產階級的關係通常是整合的，但也有可能是衝突的，這全視官僚體系內政治精英的運作，就整體而言，尋求與資產階級結盟當然是有助於政權的鞏固與國家的建構，但這並非是資本邏輯支配的結果，而是政治精英的策略與官僚體系的運作所致，因而，我們必須確實釐清資本主義與國家兩個邏輯之間的交互作用。這也是 JohnUrry 所帶給我們的啟示，馬克思主義的國家觀所具有濃厚功能論色彩，將是其進行國家研究時的阻礙，國家並非是經濟上支配階級的工具，也非功能性的去制訂與執行其所需之政策，國家的運作是以其與資本生產結構的要素之間的交互關係來決定。這些要素歸結而言是勞動與資本，也就是說，在資本主義的商品生產模式中，勞動如何以商品的形式被轉化為資本，藉由控制勞動與資本之間的轉化關係，國寧進行資本積累，從而也形塑的社會生產關係與建構國家的支配形式。

製造戰爭 (WarMaking) 的確是近代歷史中，國家建構的重要因素。如同 Tilly 所強調的，製造戰爭，不管是實質上還是心理上，戰爭都幫助了政權藉由政治上的控制，對土著社會汲取資源，而資源的汲取又有助於政權的控制，由對資源的掌握與

分配，國家可能選擇某些結盟者，或者扶植某些支持他的階級力量，如資產階級。當然，政權與社會中擁有權力與資源(資本)者，必須做某種程度的妥協，以便獲得他們的支持，土著社會的地主階級或者資產階級常常是國家選擇結盟的對象。製造戰爭還使得國家壟斷了強大的暴力，諸如：警察、軍隊、情治系統等，這些具有合法暴力的控制組織，都需要龐大的資源與資本才能維持，因此，資源汲取與製造戰爭也可說是一體之兩面。

　　對於日本殖民政權而言，在台灣的國家建構最主要的目的，是要完成日本本國的資本積累以及工業化。對於國民黨政權而言，對土著社會資源的汲取，除了藉由戰爭經濟來維繫政權的生存之外，再來便是進行政權的鞏固與國家的建構。因此，政權一方面要強化控制能力，一方面也要進行資本積累，資本積累有助於戰爭財政，更能進行資源的再生產而擴大其所能控制的資源，藉由資源的壟斷、控制與分配，建立政權的正當性。

　　資本積累 (Capitalaccumulation) 因此是連結國家建構與資本主義的重要概念，資源動員模型中雖然也是資本積累是為其中的一個要素，但卻僅僅將之視為是一種汲取資源的手段或動員的模式，以林繼文「日本據台末期 (1930-1945) 戰爭動員體制之研究」與「吳介民政體轉型期的社會抗議 —— 台灣 1980 年代」這兩論文為例，資源動員理論是最主要的分析模式，在後者的分析中，雖然以社會經濟結構與階級關係的轉變來理解政體的轉型 (吳介民，1990：31-38)，但是對於資本主義生產體系的轉變與政體的轉型，甚至於社會運動的發生與變遷的關係，卻沒有做深入的探討；相較而言，前者在處理戰爭、動員體系與資本積累的關係時，就較能將國家的運作，包括戰爭的遂行、軍事財政、軍需工業、戰時金融與動員體系等，放置到世界資本主義的經濟危機與日台間分工體系的脈絡下去觀察，並且指出

由於戰爭動員體系的建立與運作，如何導致國家建構與國民形塑以及資本積累與階級關係的轉變。(林繼文，1991) 由此可知，對於資本積累概念的深化將有助於資源動員模型將國家建構與資本主義關連起來。

討論台灣的國家建構，不得不考慮屬於台灣特殊的政治體制，所謂威權體制模型就孕育而生，威權體制模型幫助我們理解台灣的國家建構為何是由政權在主導，並且理解政權國家建構與國民形塑的過程。但是，台灣過去有關威權體制的建立、鞏固及轉化等問題的研究都偏重在戰後史這個部分，以若林正丈「中日會診台灣 —— 轉型期的政治」及「轉型期的台灣 —— 脫內戰化的政治」這兩本書，以及郭正亮的論文 < 國民黨政權在台灣的轉化 (1945-1988) > 為例，他們對於戰後國民黨政權在台灣的鞏固與轉化均有相當仔細的觀察與精闢的見解，但令人引以為憾的是，沒有將威權體制產生的歷史脈絡做一個歷時性的釐清，也就是說，沒有將日本殖民政權在台灣建立的專制政體、控制網絡、動員體系、生產體制等，與戰後國民黨政權的國家建構關連起來，彷彿歷史本身必然因為政權的更替而產生斷裂，從而也形成研究上的時間切割點，事實上，我們發現正是日本殖民體制造就了國民黨政權進行國家建構的基礎，因此，對於殖民與後殖民歷史的割裂，顯然在社會科學研究法上是不恰當而有待斟酌的。

對於威權體制的討論，勢必會關連到官僚體系的運作，官僚體系的自主性又是國家自主性的基礎之一。除了其它結構性因素的限制之外，官僚體系的現代化似乎是決定他具有自主性與否的關鍵，就台灣而言，日本殖民時期，已具有近代化的官僚體系，這可以總督兒玉源太郎與行政長官後藤新平所領導的官僚體系為例，在他們的行政措施下，完成了土地調查、產業

的整頓與交通網的建設，振興製糖業，達成台灣的財政獨立。戰後，國民黨政權的官僚體系也在黨改造，美元的支持與監控，政權正當性危機的多重因素下，使得原屬於中國家產制的官僚體系漸漸在經濟官僚的自主性與制度化的組織運作下，朝向現代化的官僚體系轉化，這的確是國民黨政權擁有能力重整國家資本體制的基礎，諸如合理運用美援、訂定經濟建設計劃、建立農工部門之間的資本流通、形塑勞動體制等，也就是在重整國家資本體制的基礎之下，國民黨政權才能順利進行國家建構與國民形塑。

　　立基於政治精英理論的官僚體系模型與資源動員模型一樣，可以讓我們看到國家建構中具體而微觀的政治過程，但是，這不意謂著這些能提供細部分析的概念模型能夠完全推翻了結構性模型的分析架構。如同韋伯所強調的，官僚體系在面對資本主義的歷史潮流時，所具有的科層體制會依循工具理性的原則，有效率的運作，達成組織的目標，但對於國家的建構或資本主義的終極價值等問題，喪了反省能力，因此，始終只能在形式性的目的－工具合理性原則下運作，由此可之，其自主性是工具性的，同時這也是其侷限性。

　　因此，國家的建構不能完全用階級分析或者資本積累來解釋，階級關係與資本積累當然會影響到政權鞏固與國家建構的形式與過程。但是，從國家建構的面向來分析，國家不只是相對於資本主義者有其自主性而已，國家建構有其形式與邏輯，資本主義的世界體系提供了國家建構的舞台，社會的階級關係提供了演戲的搭檔，至於怎麼演，就有賴於政權本身所處的社會基礎及其歷史中的運作了。本書的目的並不在於創造一個一般性的理論，而是想藉由不同地區的理論概念與歷史研究，試圖去理解近代台灣在現代化過程中國家建構的歷程，對於我而

言，這只是個起點。我相信任何歷史的研究都是一種論述，但是那也預設了這個論述必須以歷史作為對象，而不是以概念作為對象。

後　記

2018 年，距離我撰寫完成碩士論文已經二十五年了，台灣所面臨的國家建構情勢完全不同。

1980 年代，台灣仍面臨威權體制過程中的統獨之爭，而此處的統一係國民黨政權主張由中華民國來統一中國，建立一個民主憲政的國家。

2018 年，北京政權甫完成修憲延長國家主席任期與提出惠台三十一項措施的政策，北京政權在習近平領導下似乎往統一大業跨出了一大步，台灣面臨著在 2020 年代可能被納入改革開放後中國現代化的歷程，究竟這個現代化將賦予台灣怎樣的面貌，實難以想像。

如果承繼著本書對於台灣歷史的描述與分析，則北京政權很難將台灣的國家建構過程割裂，從日本殖民政權奠立的社會基礎開始，經歷國民黨政權統治的經濟增長，直到進入二十一世紀後，台灣逐漸對中國大陸形成的經濟依賴，都是北京政權企圖完成統一大業，在台灣進行國家建構的脈絡及基礎。

台灣未來的發展及命運與中國的現代化能否成功息息相關，也關乎北京政權如何在台灣進行其國家建構，一國兩制目前仍是一個空洞而籠統的概念，具體的計畫與實踐必須在政治控制與經濟發展兩個主軸下進行，同時配合文化與意識形態的建構，雄心勃勃意圖完成統一並在歷史上留下定位的習近平主席，真的做好規劃與準備了嗎？

陳俊昇

寓居於港都
2018 年 3 月 8 日

參考書目

一、中文書目

久大編輯部

- 1989 社會革命路，台北：久大文化。井野川伸一
- 1990 日本天皇制與台灣皇民化，台灣大學政治學研究所碩士論文。

尹仲容

- 1960 臺灣經濟十年來的發展之檢討與展望，國際經濟資料月刊五卷二期，p.1-10，台北：國際經濟資料中心。

王宏仁

- 1988 戰後台灣私人獨占資本的形成，台灣大學社會學研究所碩士論文

王振寰

- 1988 國家組織、依賴發展與階級關係：從四本有關台灣發展的研究談起。台灣社會研究季刊春季號，p.117-144，台北。
- 1989 台灣的政治轉型與反對運動、台灣社會研究季刊春季號，p.71-116，台北。
- 1992 國家機器，勞工政策與勞工運動，與方孝鼎合著。台灣社會研究季刊第十三期，p.1-29，台北。

文馨瑩

- 1990 經濟奇蹟的背後 ── 台灣美援經驗的政經分析 (1951-1965)，台北：自立晚報。

台灣總督府

- 1989a 台灣社會運動史，第一冊，文化運動、台灣總督府警察沿革誌第二篇領台以後的治安狀況 (中卷)，台北：創造出版社。

- 1989b 第二冊，政治運動，同上。
- 1989c 第三冊，共產主義運動，同上。
- 1989d 第四冊，無政府主義運動、民族革命運動、農民運動，同上。
- 1989e 第五冊，勞動運動，右翼運動，同上。

史明
- 1980 臺灣人四百年史，臺北：蓬島。

布洛克 (Bloch)
- 1990 史家的技藝，周婉窈譯，臺北：遠流。

布雷弗曼 (Braverman)
- 1988 勞動與壟斷資本，臺北：谷風。

矢內原忠雄
- 1987 日本帝國主義下之臺灣，臺北，帕米爾書店。

列寧 (Lenin)
- 1972 國家與革命，列寧選集第三卷，P.171-276，北京：人民出版社。
- 1972 民族與殖民地問題提綱初稿，列寧選集第四卷，P.270-276，北京：人民出版社。

朱雲漢
- 1989 寡佔經濟與威權政治體制，摘自：壟斷與剝削－－威權主義的政治經濟分析，臺北：臺灣研究基金會。

李允傑
- 1989 臺灣地區工會政策之結構性分析：1950-1984，臺灣大學政治學研究所碩士論文

李佳哲
- 1990 亞洲四小龍的政經分析，李佳哲譯，臺北：駱駝。

李怡庭

- 1989 臺灣惡性物價膨脹之始末 (1945-1951)，臺灣社會研究季刊夏季號，臺北。

李登輝

- 1971 臺灣農工部門間資本流通，臺北：臺灣銀行經濟研究室。

李筱峰

- 1986 臺灣戰後初期的民意代表，自立晚報，臺北。
- 1989 臺灣民主運動四十年，自立晚報，臺北。

李碧涵

- 1980 臺灣農地改革後鄉民參政之探討，思與言 17 卷 5 期，P.381-410，臺北。

黃昭堂

- 1989 臺灣總督府，臺北：自由時代出版社。

黃通等

- 1987 日據時代臺灣之財政，黃通、張宗漢、李昌槿合編，臺北：聯經。

古蒲孝雄

- 1992 臺灣的工業化：國際加工基地的形成，人間出版社，臺北。

林中平

- 1988a 日本從明治到戰前的歷史進程 (兼及臺灣) - - 從三階段來分析東亞 " 半邊緣性 " 之發展，臺灣社會研究季刊春季號，P.53-90，臺北。
- 1988b " 國家組織 " 或 " 大有為的政府 " ? - - 從臺灣最近的一些社會經濟學學術會議討論起臺灣社會研究季刊春季號，P.91-143，臺北。

林知 (Linz)

- 1983 極權與威權政體，Greenstein 編：政治科學大全 (3) 總體政治理論，P.227-546。陳文俊譯，臺北：幼獅文化。

林佳龍

- 1989 威權侍從政體下的臺灣反對運動－－民進黨社會基礎的政治解釋，臺灣社會研究季刊春季號。

林繼文

- 1991 日本據台末期 (1930-1945) 　戰爭體制動員之研究，臺灣大學政治學研究所碩士論文。吳乃德
- 1989 搜尋民主化的動力－－兼談民主轉型的研究取向，臺灣社會研究季刊春季號，P.145-161，臺北。

吳介民

- 1990 政體轉型期的社會抗議－－臺灣 1980 年代，臺灣大學政治學研究所碩士論文。

吳濁流

- 1977 亞細亞的孤兒，張良澤編，吳濁流作品集一，遠行叢刊25，臺北：遠行。

吳鯤魯

- 1988 國民政府重建與財政收入之政治經濟分析，(1949-58)，臺灣大學政治學研究所碩士論文。

周婉窈

- 1989 日治時代的臺灣議會設置請願運動，臺北：自立晚報

阿蓮 (Arendt)

- 1983 極權主義，蔡英文譯，臺北：聯經。
- 1983 帝國主義，蔡英文譯，臺北：聯經。

東家生

- 1985 臺灣經濟史概說，，臺北，帕米爾書店。

段承樸

- 1992 臺灣戰後經濟，臺北：人間出版社。

柯志明

- 1988 原始積累，平等與工業化－－以社會主義中國與資本主義臺灣為案例之分析，與 MarkSelden 合著，臺灣社會研究季刊春季號。

- 1989a 農民與資本主義：日據時代臺灣的家庭小農與糖業資本，中央研究院民族學研究所集刊第 66 期，P.51-84，臺北。

- 1989b 所謂的 " 米糖相剋 " 問題－－日據臺灣殖民發展研究的再思考，臺灣社會研究季刊秋 / 冬季號，P.75-126，臺北。

- 1990 日據臺灣農村之商品化與小農經濟之形成，中央研究院民族學研究所集刊第 68 期，P.1-40，臺北。

- 1992 殖民經濟發展與階級支配結構－－日據臺灣米糖相剋體制的危機與重構 (1925-1942)，臺灣社會研究季刊第十三期，P.195-258，臺北。

柯喬治

- 1992 被出賣的臺灣，陳榮成譯，臺北：前衛。

施路赫特

- 1986 理性化與官僚化－－對韋伯之研究與詮釋，顧忠華譯，臺北：聯經。

涂照彥

- 1992 日本帝國主義下的臺灣，臺北：人間出版社。

若林正丈

- 1987 臺灣抗日民族運動當中的 < 中國座標 > 與 < 臺灣座標 >，收錄於 < 近代臺灣的社會發展與民族意識 >，香港：香

港大學校外課程部。

- 1988 中日會診臺灣 - - 轉型期的政治，若林正丈編，廖兆陽編，臺北：日本文摘。
- 1989 轉型期的臺灣 - - 脫內戰化的政治，張炎憲審訂，臺北：故鄉。

南方朔

- 1980 帝國主義與臺灣獨立運動，臺北：四季。
- 1984 日據時代臺灣的階級結構，夏潮論壇六月號。

南民

- 1987 國民黨無用論 - - 診斷危機時刻的國民黨，臺北：臺灣文藝。

原口清

- 1986 日本近代國家之形成，李永熾譯，臺北：水牛。

高棣民 (T.B.Gold)

- 1987 臺灣奇蹟 - - 從國家與社會的角度觀察，胡煜嘉譯，臺北：洞察。

徐正光

- 1989 臺灣新興社會運動，徐正光、宋文里合編，臺北：巨流

韋積慶

- 1989 臺灣的國家機器 - - 權力技術的分析，政治大學社會學研究所碩士論文。

陸先恆

- 1988 世界體系與資本主義 - - 華勒斯坦與布賀岱的評介，臺北：巨流。

許福明

- 1986 中國國民黨的改造 (1950-1952)，臺北：正中。

陳正興
- 1989 斷裂歷史的辯證，臺灣社會研究季刊春季號，P.199-204，臺北。

陳明通
- 1990 威權政體下臺灣地方政治菁英的流動 (1945-1986) － 省參議員與省議員流動的分析，臺灣大學政治學研究所博士論文

陳金福
- 1985 我國工會運動之回顧，勞工論叢第二期，P.1-16，臺北：國際勞工資料研究中心。

陳玲蓉
- 1992 日據時代神道統制下的臺灣宗教政策，臺北：自立晚報。
  陳師孟等
- 1991 解構黨國資本主義－－論臺灣官營事業之民營化，臺北：澄社。

黃仁宇
- 1988 放寬歷史的視野 (China:AMarcoHistory)，臺北：允晨。

郭正亮
- 1988 國民黨政權在臺灣的轉化 (1945-88)，臺灣大學社會學研究所碩士論文。

傅大為
- 1988 科學實證論述歷史的辯證－－從近代西方啟蒙到臺灣的殷海光，臺灣社會研究季刊冬季號，p.11-56，臺北

張炎憲
- 1984 臺灣文化協會的成立與分裂，收錄於中國海洋發展史論文集，中研院三研所。

張俊宏

- 1989 到執政之路－－＜地方包圍中央＞的理論與實際，南方出版社。

張漢裕

- 1963 日本在臺殖民開發政策 (1895-1906)－－官僚經營的研究，與馬若孟 (RamonH.Myers) 合著，亞洲研究雜誌二十二卷第四號，P.433-499。

楊碧川

- 1988a 日據時代臺灣人反抗史，稻鄉出版社，臺北。
- 1988b 臺灣歷史年表，臺北：自立晚報。

楊聯陞

- 1985 報－－中國社會關係的一個基礎。段昌國等譯，中國思想與制度論集。P.349-372。臺北：聯經。

楊聰榮

- 1992 文化建構與國民認同－－戰後臺灣的中國化，清華大學社會人類學研究所碩士論文。

豬口笑

- 1992 國家與社會，劉黎兒譯，臺北：時報出版。

蔡宏進

- 1967 臺灣農地改革對社會經濟影響的研究，臺北：嘉新水泥文化基金會。

鄭陸霖

- 1988 臺灣勞動體制結構的解析－－歷史／結構的取向，臺灣大學社會學研究所碩士論文。

彭懷恩

- 1983 中華民國政治體系的分析，臺北：時報文化。

- 1987 臺灣政治變遷四十年，臺北：自立晚報。
- 1991 臺灣發展的政治經濟分析，風雲論壇，臺北。

葉榮鐘
- 臺灣民族運動史，臺北：自立晚報。

摩爾
- 1990 民主與專制的社會起源，臺北：結構群。

魯凡之
- 1987 東方專制主義論－－亞細亞生產模式研究，臺北：南方。

盧修一
1990 日據時代臺灣共產黨史 (1928-1932)，臺北：前衛出版社。

錢永祥
- 1988 自由主義與政治秩序－－對 < 自由中國 > 經驗的反省，臺灣社會研究季刊冬季號，P.57-99，台北。

劉進慶
- 1988 中日會診臺灣－－轉形期的經濟，若林方丈編，陳艷紅譯，日本文摘，台北。
- 1992 臺灣戰後經濟分析，人間出版社，台北。

謝國雄
- 1989 黑手變頭家－－臺灣製造業中的階級流動，臺灣社會研究季刊夏季號，臺北。

蕭阿勤
- 1991 國民黨政權的文化與道德論述 (1934-1991) －－知識社會學的分析，臺灣大學社會學研究所碩士論文。

蕭新煌
- 1985 低度發展與發展：發展社會學選讀，臺北：巨流。
- 1989 壟斷與剝削－－威權主義的政治經濟分析，臺北：臺灣

研究基金會。

鹽見俊二

- 1985 日據時代臺灣之警察與經濟，王曉波編，臺北：帕米爾書店。

二、英文書目

Althusser , Louis.
1986 For Marx. P.87-128, London : verso.

Amsden , Alice H.
1985 The Stateand Taiwan's Economic Development.In Theda Skocpol (ed.) Bringing the State Back in. Cambridge University Press

Anderson , Benedict
1991 Imagined Communities : Reflections on the Originand Spread of Nationalism. NewYork : Verso

Baran , Paul A and Sweezy , Paul M.
1966 Monopoly capital : an essay on the American economic and social order. Monthly Reviewpress.

Braverman , Harry.
1974 Laborand Monopoly Capital. New York : Monthly Review.

Cardoso , FernadoHenrique.
1979 On the characterization of authoritarian regimes in Latin America. in David Collier (ed.) The new authoritarianism in Latin American. New Jersey. Princeton University Press.

Deyo , FredericC
1987 The Political Economy of the New AsianIndustrialism, (Deyo, Frederic C ed.) New York : Cornoll University Press.

Dobb , Maurice.
1976 The Debate on the Transition : A Reply , in (R. Hilton ed.) :

The Transition from Feudalism to Capitalism. London : NLB.

Foucault , Michel.
1972 The Archaeology of Knowledge and the Discourse on Language. NewYork : Panthe on Books.
1980 Power/Knowledge : selected Interviews & other writings (1972-1977). (ColinGordoned.) New York : Pantheon.

Giddens , Anthony.
1981 A contemporary critique of historical materialism. Vol. Power , property & the state. London : The Macmillan Press.

Gold , Thomas.B.
1986 State and Society in the Taiwan Miracle. New York : M. E. Sharpe.

Habermas , JUrgen.
1975 legitimati on Crisis. Bost on Press. Hilton, Rodney.
1976 The Transition from Feudalism to Capitalism. London : NLB
1990 Class conflict and the crisis of Feudalism. New York : Verso. Hobsbawn, E. J.
1991 Nations and Nationalism since 1780 : Program, myth, reality. Cambridge University Press.

Holloway , John , and Picciotto , Sol.
1979 State and Capital : A Marxist Debate.Austin : University of Texas Press.

Jessop , Bob.
1982 The Capitaliststate .Oxford : Martin Robertson.
1990 Statetheory : Putting the Capitalist state in its Place. Cambridge : Polity Press.

Laclau,Ernesto.
1979 Politics and ideology in Marxist theory. London : NLB.

Laclau , Ernesto . & Mouffe , Chantal.
1985 Hegemony & Socialist strategy : Towardar a dicaldemocratic Politics. London : Verso.

Mark , Karl. and Engels , Frederick.
1986 Mark, Karl. and Engels, Frederick : selected works. New York : International Publishers.

O'Connor , James .
1973 The Fiscal Crisis of the State. N. Y : St. Martins Press.
1984 Accumulation Crisis. NewYork : Basil Black wellEvans,Peter.
1985 Bringing the Statebackin. (Peter B. Evans & D Rueschemeyer. & Theda. Skocpoled.)Cambridge : Cambridge University Press.

Sweezy,Paul.
1976 The Debate on the Transition : A Critique. In (R.Hiltoned.):The transition from Feudalism to Capitalism. London : NLB.

Tilly,Charles.
1978 From Mobilization to Revolution. Philippines : Addison-Wesley Publishing Company.
1985 War Making and State Makingas Organized Crime.In Theda skocpol (ed.) Bringing the state Back in. Cambridge : Cambridge University Press.

Urry , John.
1981 The Anatomy of Capitalist Societies : The economy.Civil Society and the State. New Jersey : Humanities Press.

Winckler , Edwin A.
1984 Institutionalization & participation on Taiwan : From hard to soft authoritarianism? ChinaQuarterly. No.99 (September). P.481-499.
J.D. Powell peasant society & clientelist politics. American political Science.

WU,Nai-The

1987 The politics of a regime patronagesy stem : Mobilization & Control within an authoritarian regime. Ph .D. Dissertation in Political science. University of Chicago.

 華立圖書股份有限公司　　　　 松根出版社

創辦人　郭森河

● 1987.08.06　松根出版社　Root Publishing Company

● 行政院新聞局核准登記局版臺業字第三九八三號

● 1989.06.27　華立圖書股份有限公司 Hwa Li Publishing Co., Ltd.

● 行政院新聞局核准登記局版臺業字第四五三二號

地　　　址：23545 新北市中和區員山路 504 號 5 樓之 9

　　　　　F.-9, No.504, Yuanshan Rd., Zhonghe Dist., New Taipei City 23545, Taiwan (R.O.C.)

電　　　話：(02) 2221-7375　TEL：886-2-2221-7375

傳　　　真：(02) 2221-2085　FAX：886-2-2221-2085

歡迎蒞臨　http://www.jolihi.com.tw，我們隨時提供新的資訊與您分享

E-maill　：service@jolihi.com.tw

出 版 發 行：華立圖書股份有限公司　　　　訂　　　價：220元

I S B N：978-957-784-775-1　　　　　　一 版 一 刷：2018年 05 月

C　I　P：573.07　　　　　　　　　　　圖 書 編 號：S1070430

C I P 序 號：107006721　　　　　　　　執 行 編 輯：呂弋軒

書　　　名：從大日本帝國到中華民國

　　　　　　－台灣現代化歷程中的國家建構　封 面 設 計：呂弋軒

作　　　者：陳俊昇　　　　　　　　　　　編 輯 部 門：(02) 3234-0927

裝　　　禎：平裝

法 律 顧 問：阮祺祥法律事務所　阮祺祥律師

● 華立圖書股份有限公司　　　　　　　　● 松根出版社

郵政劃撥帳戶：華立圖書股份有限公司　　郵政劃撥帳戶：松根出版社

郵政劃撥帳號：15575863　　　　　　　　郵政劃撥帳號：11516371

支票或匯票請開立：華立圖書股份有限公司　支票或匯票請開立：松根出版社